子育て・生徒指導・学級経営に欠かせない

子どもが成長するということの真相

生徒指導コンサルタント　吉田　順

はじめに

ある女性の中学時代

次の一文を読んでみなさんは何を思うでしょうか。

「ベンチと古びた遊具があるだけの大阪市内の小さな公園。近くに住む菜摘（20）は中学時代、毎日のように夜をここで過ごした。母は交際相手の男の家に入り浸っていた。学校から薄暗いアパートに帰るとひとりぼっち。寂しさに耐えきれなかった。夕方、友達から電話で誘われると、急いで公園に向かった。公園には、髪を茶色に染めたジャージ姿の同級生や先輩が8人ほど集まっていた。『あいつ、うざい』。カップ麺を食べ、ジュースを飲みながら、先生や同級生の悪口で盛り上がる。8人のほとんどが自分と同じ母子家庭の子供だった。周囲のマンションの明かりが消え始めても誰も去らない。帰るのはいつも明け方。『ただいま』とつぶやき、誰もいない家で3時間だけ眠ってから学校に行った」（読売新聞社会部「貧困　子供のSOS」、中央公論新社、2016年）。

ほとんどの人は「わが子はこんな荒んだ生活はしていない」「これは特殊な家

庭だ」と思ったことでしょう。

では、「交際相手の男の家に入り浸っていた」という場面が「仕事に忙しく帰宅は遅かった」ならどうでしょう。そうすると、理由は違っても「帰るとひとりぼっち」は同じです。共働きで両親とも帰宅が遅く、やはり「帰るとひとりぼっち」になっていませんか。

あるいは、「うちの子は夜遅く外出しません」という人は、外出はしなくてもスマホを手離せず、絶えず友だちと連絡をとらずにはいられない生活になっていないでしょうか。家の中か外かという違いしかないのです。しかも、大半の大人はそのやりとりの内容は知りません。先生や同級生の悪口で盛り上がっているかもしれません。

この少女のような例は、みなさんの家と無縁な別世界の子どもたちではありません。少し条件を変えると、ごくごく身近にいる子どもたちであり、うっかりしているとわが子がそうなっているかもしれないのです。

一文の中の少女は、その後近所の児童館の女性に支えられて、工業高校を卒業し、保育の専門学校に進み強い決意で保育士をめざしているそうです。

「荒れた生徒」の中には、すべての子どもの成長の原点がある

この少女のような「荒れた生徒」の中には、すべての子どもが成長するために必要な格闘が目に見える形で表れているのです。いっけん、健全に成長している「いい子」の格闘は見えにくく、その成長が阻害されていても、周りの大人が気づけないことがあります。中学高校生時代に「いい子」だった子が、やがて引きこもったり、精神疾患を患ったり、果ては世間を騒がす犯罪を犯すことはよく知られていることです。

ところで、私自身は20代は小学校に勤め、30歳からは中学校に勤めたところ、いわゆる「校内暴力」や「荒れる学校」を体験し、その大半をこの少女のような子どもたちと格闘する日々を過ごしてきました。そのためこれまでの私の著書はすべて「荒れる学校にしないためにはどうすればいいのか」について、学校現場の先生たちを対象にした書籍でした。

ところが、私の仕事は先生たちだけがわかっていても、子どもを変えることはできません。どうしても親や大人の理解と援助が不可欠なのです。例えば、先の少女のような自堕落な生活の責任を、私はあの少女には問えません。どんな子ど

もでも、あの環境の中では荒れた生活にならざるを得ないからです。この環境を直接変えられるのは親だけです。

ですから、思春期というものを親にも知ってほしいと思っていました。

私は本書で、冒頭の少女のような「荒れた生徒」を手がかりにして、

①子どもが成長するということの真相

②子どもはどうやって成長していくのか

③子どもはどうして問題を起こすのか

という3つのことを書こうと思いました。

また、教師に「子どもはどうして問題を起こすのか」という視点がなかったら、先の少女は校則違反の茶髪にしている「問題生徒」であり、遅刻の多い生活の乱れた生徒、低学力の学習意欲のない生徒としか映りません。そういう生徒でも見事に立ち直ることができるのです。いったい、何がそうさせたのでしょうか。つまり、「子どもはどうやって成長していくのか」ということです。このことを知らずには、教師に生徒指導は務まりません。

したがって本書は、小中学生をもつ親を対象にしたものですが、同時に学校現

場の先生たちが親と共同して取り組む時や、若い先生が親向けに話をする時も想定して書きました。

本書は「子育て」や「家庭教育」がどうあるべきかを説いたものではありません。そのような本は世間には溢れるばかりにあります。もし私がそんな本を書いたら、２人の息子と妻にただちに一笑に付されるでしょう。気ままな生活をしながら、中学校で生徒指導に没頭してきた私に書けるのは、「問題をもった子どもとの格闘の中で、すべての子どもに共通した成長の原点をみることができた」ことです。その「原点」を書こうと思います。

２０１７年１月　　　　吉田　順

もくじ

はじめに……2
ある女性の中学時代　2
「荒れた生徒」の中には、すべての子どもの成長の原点がある　4

第1章　子どもが成長するということの真相……16
①流行よりも不変なことが大切　17
②反抗のない子は危ないか　21
世間を騒がせた若者の起こした事件／どんな若者だったのか／「自立」に失敗した若者たち／「自分は見捨てられない」という感覚があるか／目的は「反抗」ではなく「自立」
③人はどうやって立ち直るのか　29
元非行少年の立ち直り方／不登校、引きこもりから立ち直ったきっかけ／自殺も同じ／少年や青年だけでなく、老人になっても同じ／「認められる」

「必要とされる」には他者が必要
④子どもは「存在」を無視されることを嫌う　37
存在が無視されることは最大の苦痛／無視には2種類ある／注目されるために目立つ行動をとる／家庭で起きる「困った行動」には叱ってばかりいない／小学校で起きる「困った行動」にはこう対応する／中学校の対応は複雑
⑤100%正しい子育ての方法も教育論もない　47
誰でも教育評論家！／100%正しいものも、100%間違ったものもない

第2章　子どもはどうやって成長していくのか……54
①思春期の関所　55
親は思春期の「関所」を知る／「自立の旅」は家庭から始まる／「家庭」とはどういうところか／「親の価値観」で素顔でいられない子ども／無警戒でいられるのが「家庭」
②家庭には適度な「壁」も必要　63
家庭には「愛情」だけでなく「壁」も必要／「壁」の中で子どもは守られる

／「非行集団」の「魅力」／尊敬されている「怖い人」が「壁」になる／母子家庭の場合
③「見捨てられていない」という感覚　71
見捨てられた感覚／「見捨てられていない」安心感／「条件付きの愛情」ではなく、「無条件の愛情」／家庭の崩壊は「見捨てられる」恐怖にとらわれる／叱っても心は離れない
④思春期は他人との適切な距離を学ぶ　79
人が大人になるには他者が必要／思春期は他人の評価を気にする／濃密な人間関係が生まれる／いじめや不登校を生む濃密な人間関係／悲劇を生むこともある／自立した大人は適切な距離を保った関係
⑤心のなかの勝負に100％の勝ち負けはない　88
「心のなかの勝負は51対49のことが多い」／子どもの心のなかは〝草野球〟のようなもの／逆の気持ちも49はある／49の部分に頼る作戦

第3章　子どもはどうして問題をおこすのか……98
①どうして母親にはこんなに逆らうのか　99
自立のために、まず母親に逆らう／次に父親に逆らう／わが子と格闘し、援助する
②どうして学級で問題を起こしてばかりいるのか　104
「人より上になりたい」／簡単には「人より上に」「人より強く」はなれない／心のエネルギーをいい方向に／親子の関わりが薄いと子は育たない
③どうして校則を守らないのか　110
なぜ、学校は校則を守らせようとするのか／「わけ」を知る努力／校則を守らない「わけ」／家庭の中に問題はないか振り返る
④どうして「うそ」を言ったり、素直になれないのか　117
親子のぶつかり合いが大切／弱音を吐ける相手がいるか／親の言いなりではない「新しい自分」をつくりたい
⑤どうして「万引き」をしたのか　125
一過性で終わる「万引き」と、繰り返す「万引き」がある／万引きには深い

「わけ」がある／「下着盗み」／親を試して「見捨てられていないか」を確認する／親へのメッセージ

⑥どうして子どもは集団になるのか 133

人は仲間や集団をつくり所属する／いじめられても仲間から抜けない／「非行集団」であっても問わない心理／家庭は一番の居場所／「役に立っている」「認められている」という存在の必然性

⑦どうして人間関係のトラブルが多いのか 141

1対1のトラブルと、グループ対1人のトラブルは区別する／人は他人を意識するから、自分の存在を意識する／集団を守るために「排除」「攻撃」する／「自立」するとはどういうことか／親に安心して話せる

⑧どうして対教師暴力や校内徘徊などの大きな問題を起こすのか 149

人にはいろいろな顔がある／子育ての赤字を埋めるには3倍かかる／「壁」がないと、どこまでも荒れる／「見捨てていない」というサインを常に送る／「自分にも価値がある」ことを体験させる

補章　親と教師が共同するためのコツ……160
①「モンスター」も「失格教師」も滅多にはいない　161
親と教師の信頼関係を壊すもの／モンスターも失格教師も滅多にいない／モンスターや失格教師とは／レッテル貼りや噂は害悪となる
②子どもの後ろには親の願いがある　167
教師は子どもを憎むことがある／親にとってはかけがえのない存在／親の苦労や願いを知る／親は心を開いて願いを伝える
③教師は〝伝え方〟を工夫する　173
伝える目的を考える／何を伝えたいのか／目的に合った方法をとる／家庭訪問を基本とする／親の立場にまず合わせる
④お互いに〝情報〟を発信（公開）する　179
情報を発信せずに協力だけを求めても無理／どんな情報を発信するか／発信の場はたくさんある／親も情報を学校に発信する
おわりに……186

第1章

子どもが成長するということの真相

第1章　子どもが成長するということの真相

親は、子どもが成長するための助力を惜しみません。グローバル社会の到来と聞けば、子どもに英会話を始めさせ、学力低下と聞けば、学習塾に通わせたりします。どんな助力の裏にも子どもの将来の幸せを願う気持ちが伝わります。一方で、そんな親心につけ入り、不安を煽ることが目的のような、教育や子育ての論調も多くあります。

私は、生徒指導コンサルタントという仕事をしています。何か資格を持っているとか、特別な能力があるわけではありません。80年代に社会問題化した校内暴力の時代に、途方に暮れ悩む日々を過ごしたときから、特別な能力を持たない普通の教師ができる生徒指導とは、どんな指導なのだろうと自分なりに問い続けてきました。時代遅れとされ、手法そのものが求められないときもありましたが、知りたがりの性分から、自分が納得できるところまでやり続けて退職しようと考えていました。その間約40年、生徒指導の現場では、学術的な知見を基に様々な手法や技術やあり方が紹介されては消えていきました。

時代がグルグル回るうちに生徒指導の相談依頼が増え始め、このような珍妙な肩書の仕事を続けるに至ったわけです。

そのような経験から、今も昔も、子どもが成長する過程は変わっていないということを伝えたいと思います。社会状況が激変する中で、若者は生き辛くなってきていますから、表面的に変化しているように見えますが、内面は昔も今も子どもたちは、葛藤を続けながら成長しているのです。

①流行よりも不変なことが大切

本書を手にした人はおそらく子育ての真っ最中か、指導に悩んでいる学校の先生ではないでしょうか。どちらにしても、すでに大人になってしまった人です。

大半の子どもは荒れた思春期を経験せずに大人に成長します。それはそこそこの恵まれた家庭環境で育ち、大人に支えられて思春期を無事に乗り越えてきたからです。そのためどんな家庭がいいのか、大人はどう支えるといいのか、などということは意識して考えたことがないのが普通です。

私はある大学の教職課程の集中講義で「自分の思春期」を書かせたところ、多くの学生が「私にはそんなに激しい思春期はなかった」「いつの間にか思春期は終わり大人になっていた」「思春期なんだという自覚はほとんどなかった」という趣旨のものでした。だからこそ、順調に成長し学力もつき教職をめざすようになったのでしょう。この本を手にした多くの親も、おそらく思春期を無事に、しかも無自覚に通過してきた人が多いのではないでしょうか。

思春期を客観的に知るには、思春期を自覚せずに通過したのでは難しいのです。では、激しく荒れた思春期を通過した大人は思春期を熟知し、うまく子どもを育てられるかというと、これまたそうはいきません。荒れた渦中にいた者も、その時期にはやはり思春期というものを客観的に知ることは難しいのです。荒れた生徒がその後親になり、その子もまた似たような中学生時代を送っている例も多いからです。

実は思春期の「成長するということの真相」は、ほとんど学ぶことなく学校の教師になり、教えられることもなく親になってしまうのです。

多くの人は「そんなはずはない。教師を志望するなら、どんな大学でも児童心理学や青年心理学とやらを学んでいるはずだ」と思うでしょう。ここでは詳しくは説明できませんが、簡単に言うと、大学で建築の勉強をして、建築士の資格を持っていても、実際の家を造ることとは別のことです。実際の家を造るのは職人の大工さんです。学校の先生はむしろこの職人さんに近いのです。

核家族の時代にあっては、子育ての知恵も伝えられず、親も「成長するということの真相」を教えてはもらえません。

このような時に、「アクティブ・ラーニング」という言葉が教育界では流行しています。教育書にはこの言葉を付けた書籍が氾濫しています。しかし、肝心のこの言葉の意味は著者によって様々で、いまだにはっきりしません。ある人は、これからの学校教育を根本から変革するものだと言います。それではこれまでの「問題解決学習」「話し合い学習」「体験学習」などと、どこがどう違うのでしょうか。

実際、単なる学習方法に過ぎず、小中学校ではこれまでもやっていることだと言う人もいます。導入の経過からみても、一方的な講義形式の多い大学教育から使われ始めたのですから、能動的な学習への転換を言っているだけとも受け取れます。

こうして最近では、この「アクティブ・ラーニング」が「学級経営」や「生徒指導」と結びつき、アクティブ・ラーニング時代の学級経営や生徒指導までもが出現してきました。ここまで「アクティブ・ラーニング」が冠せられると、その言葉の概念も意味も曖昧なままに、あらゆる教育活動に冠することには疑問を持たずにはいられません。同時に10年ごとに改訂されてきた「学習指導要領」の出されるたびに騒がれた「ゆとり教育」「個性を生かす教育」「生きる力」「総合学習」「新しい学力観」などという言葉のように、10年後にはまた消えていくのだろうと思わざるを得ません。

しかし、思春期の子どもたちを育てるには不変なものがあります。それは「自立」させるということです。子育ても教育も、最後の目標は「自立」です。自立しないことには、まっとうな大人にはなれません。

流行に翻弄されずに子育てや教育をするには、まず「思春期」のことをリアルに知ることです。

②反抗のない子は危ないか

世間を騒がせた若者の起こした事件

これまでの〝常識〟とは違って、「いい子の非行」「普通の子が危ない」などと言われることがあります。特にそう言われるようになったのは、１９９７年の神戸市の「小学生殺傷事件」と、翌年の栃木県黒磯市の中学校で起きた「女性教師殺害事件」などの、中学生による事件が社会に衝撃を与えた頃からです。

動機が不可解であることや、犯罪歴のない「普通の子」がキレるとして、盛んに報道された事件なので記憶にある人も多いはずです。

その後も同種の事件が続きました。

１９９９年には「全日空ハイジャック事件」「池袋通り魔事件」「京都日野小学校児童殺害事件」などがあり、いずれも20歳代の若者の起こした事件でした。

さらに２０００年には、愛知県豊川市で17歳の高校３年生が主婦を殺害、佐賀と福岡を結ぶ高速バスを17歳の少年が乗っ取り、乗客１人を殺害、岡山県の17歳の高校３年生が野球部の４人に金属バットで重軽傷を負わせ、その後母親を殺害。

これらは「キレる17歳」などとして報道されました。

２００８年には、24歳の若者が茨城県土浦市の荒川駅で、ナイフで８人を殺傷し１人を殺害、さらに３ヶ月も経たないうちに、25歳の若者が秋葉原の歩行者天国にトラックで突入し、７人を殺害し10人に重軽傷を負わせました。

どんな若者だったのか

世間の注目を集めたのは、これらの重大な事件を起こした若者が、私たちがイメージするような非行少年ではなかったことです。非行や犯罪を繰り返し、いかにも犯罪者になるような思春期を送ってはいなかったことです。

ある子は成績が優秀であったり、ある子は小さい時からまじめでいい子と見られていたり、両親も揃い高学歴の親であったり、この程度ならばどこにでもいる「普通の子」と言えるはずです。

しかし、その「普通の子」の大半はまっとうな人生を送りますし、しかも思春期に非行にはしっていた子どもたちでさえ、その大半は立ち直ってまっとうに生きていきます。「本当にそうかな」と疑問をもつ人は、少年の一般刑法犯（殺人・

窃盗・傷害など）の検挙人員が1980年代から30年以上にわたり、多い年で25万人、少ない年でも15万人もいたのですから、そのまま犯罪者になったら、日本中に犯罪者が溢れています。

そうするとこんな疑問がでるはずです。先の凶悪事件を起こした「普通の子」と犯罪者にはならなかった「非行少年」は、いったい何が違うのだろうか、という疑問です。別の言い方をすれば、思春期の一時期に「普通の子」であっても、何かがうまくいかないと犯罪者になってしまうが、「非行少年」であってもうまく乗り越えると「普通の大人」になれるのです。いったい、何がその違いを生んだのでしょうか。

「自立」に失敗した若者たち

17歳の「佐賀バスジャック事件」を起こした少年は、「逮捕直後の興奮状態の中で『新聞は？テレビは？』ときいています。彼は、犯行動機として『目立ちたかった』と供述しています」（碓井真史、「なぜ『少年』は犯罪に走ったのか」、ＫＫベストセラーズ、２０００年）。

茨城県土浦市の荒川駅で起こした通り魔事件の24歳の若者は、「死刑のための殺人」（読売新聞水戸支局取材班、新潮社、２０１４年）によると、反抗期もなく高校に進学しますが、卒業期に就職試験に失敗するという「挫折」を味わいます。「（彼は）プライドが人一倍高い。それは恐らく、幼少期の親の期待が修正されないまま成長した」。また、彼は「家族は一緒に暮らしているだけで、関心はない」と言い、寒々とした「砂漠の家族」だったようです。

「秋葉原無差別殺傷事件」を起こした25歳の若者は、後に被害者あての謝罪文で、「私は小さな頃から『いい子』を演じてきました。意識してやっているわけではなく、それが当たり前でした」（長谷川博一、「殺人者はいかに誕生したか」、新潮社、２０１０年）と書いています。

かつて「いい子」とか「普通の子」と言われた少年たちの犯罪には、「自立」に失敗したという共通点があります。もちろん、犯罪に至る理由は複雑で、いくつもの要因が絡み合うでしょうが、それでも思春期の自立の失敗は、その後の成長をとても困難にすることだけは間違いありません。

「佐賀バスジャック事件」の犯人の「目立ちたい」という欲求も思春期特有の

ものですが、「認められたい」ために発する欲求です。地道な努力によって得られるこの欲求を、バスジャックにより得ようとしたのです。

「土浦市で起きた通り魔事件」の犯人のように「反抗期」もなくプライドだけが強いと、「認められる」欲求は充足されますが、独りよがりのものとなり自尊心は肥大化します。

本来は親や社会に反抗しながら、そのプライドは傷つき修正されて、等身大の自尊心、身の丈に合った自尊心に落ち着いていくのです。

しかし、この「砂漠の家族」においては、親子の格闘もなくついに身の丈に合った自尊心が形成されることはありませんでした。

小さい頃から「いい子」を演じていた「秋葉原無差別殺傷事件」の犯人は、常に本音も弱音も吐けず、仮面をつけて生きているのですから、この家庭もまた親子の格闘は存在しません。「いい子」を演じるのは、反抗すれば「見捨てられる」かもしれないという不安に襲われるからです。それでは、親とは違う新しい価値観をもつ「自立」は達成できません。

したがって、「いい子」だとか「普通の子」が犯罪を起こすという言い方はやはり適切ではなく、「いい子」「普通の子」に見えただけのことなのです。

「自分は見捨てられない」という感覚があるか

「反省させると犯罪者になります」（新潮社）を著した故・岡本茂樹氏は「いい子に育てると犯罪者になります」（新潮社、2016年）という少し過激な書名の本で、承認欲求が動機の犯罪には「元いい子」が多いと言います。

不安や寂しさを抑圧し、見捨てられないように「いい子」を演じ、限界に達した時に「犯罪」という形で爆発すると言います。

「不安や寂しさ」の原因は、もちろん認められたいが認められない、目立ちたいが目立つことができないという、思春期の欲求を満たすことのできない不安やストレスであり、誰にも関心を示されない寂しさです。

このように考えてきますと、親や社会に反抗し手こずった子のほうが、「いい子」「普通の子」になるというのは一面は正しいと言えます。

目的は「反抗」ではなく「自立」

それでは、「反抗期のない子は危ない」かといえば、これも正確ではありません。「反抗」というのは実に多様であり、とても反抗とは言えない〝爆発〟に近いものから、表には見えない静かな反抗もあります。

しかし、思春期は反抗そのものが目的なのではなく、自立していく時の1つの手段として反抗があり、思春期に誰もが欲するのは「認められる」「必要とされる」「人の役に立つ」という感覚や体験です。これは親や社会に反抗しなければ得られないものではありません。

この感覚や体験は、激しい反抗がなくても得ることができます。日常の家庭や学校の生活の中にたくさんあるからです。

例えば、家庭生活では家事の分担があります。母親が「あなたのお陰で助かるわ」と言えば、子どもは「自分は役立っている」「必要とされている」と実感します。

学校生活の会話の中で、少しでも感心することがあれば、「なかなか良いことを言うね。その通りだよ」と言えば、「自分は認められている」という感覚が育ちます。地域の社会体験に参加し活動することによって、さらに「自分は役立っている」「必要とされている」という実感を経験できます。

学校で友だちと喧嘩したことを母親に話したとします。もし、最後はうまく仲直りできたなら「その仲直りの仕方は偉いね。あなたが考えたのね」と褒めます。世界で一番褒められたいのは、大好きな母親からです。親から認められた実感が育ちます。係を決めるのに、○○係に立候補して決まった子には、母親は「あんた、いい係になれたね。ぴったりかもよ」とわが子の能力を認めてやります。

特に学校にはそういう場がたくさんあるのです。学級活動や係活動で、さらに学校行事、委員会活動、部活動などには、子どもを活躍させ、認めてやる場があります。その結果、子どもは「人の役に立った」「人から必要とされた」という思春期には欠かすことのできない欲求を満たしながら、「新しい自分」の価値観をつくり、自立した大人への一歩を踏み出していきます。

このように、自立は必ずしも親や大人との激しい格闘を必要としません。

しかし、そうは言っても好奇心旺盛な年頃ですから、学校で悪さをしたり、万引きなどの軽犯罪を犯してしまうこともあります。今度は褒めるわけにはいきませんから、逆に叱らなければいけません。

でも大丈夫です。普段、「自分は役立っている」「必要とされている」「自分は認められている」という実感をもっている子は、仮に厳しく叱られても親子の絆は壊れません。見捨てられないという安心感をすでに持っているからです。

最後に、念のため書き添えておきますと、反抗できずに「いい子」のように育っている子は危ないということです。通常は赤の他人である学校の先生の前では「いい子」でも、親には「手がかかる子」が普通だということを親は知っておくべきでしょう。

③人はどうやって立ち直るのか

元非行少年の立ち直り方

第3章の⑧で具体的に述べますが、荒れた子どもや非行少年が立ち直る時には、共通していることがあり、『自分にも価値がある』ことを体験した時です。

私も含めて大半の親や教師は、少年時代に少々の悪さをやったとしても、非行少年ではなかったはずです。どういう時に立ち直るのかを知っておくことは、とても大切なことです。

「再非行防止サポートセンター愛知」理事長の高坂朝人さんは、過去に10回以上逮捕された元非行少年。「勉強や運動が苦手で、『自分はダメ人間』と考えていた。中学1年のある日、ゲーム機を先生に取り上げられ、『これくらい、いいじゃん』と初めて反抗した。『すごいー』と驚く友人を見て、自分が認められた気がした。以来、髪を茶色や金色に染め、たばこをくわえた。暴走族に入って理由なく人を殴り、バイクを盗んだ」。

その高坂さんを変えていくきっかけの1つが、老人ホームの手伝いだったそうです。「お年寄りの話し相手になるだけで『ありがとう』と手を握られ、心が揺さぶられた。『人の役に立ちたい』との思いが膨らんでいった」（以上、「読売新聞」２０１５年12月21日夕刊）と言うのです。

「自分にも価値がある」ことを発見するのは、人から「認められる」、人に「必要とされる」体験をした時が多いのです。

不登校、引きこもりから立ち直ったきっかけ

不登校の生徒のための「東京シューレ葛飾中学校」というのがあります。３年生の哲郎さん（仮名）は、突然いじめのターゲットとなり、小学校5年生の秋から不登校になりました。同校に入学後も欠席がちでしたが、文化祭で「先輩から声をかけられ、一緒に『お化け屋敷』を作ったのが転換点になった。『先輩が認めてくれたことで、何かが変わった』と言う。以来、誰にでも自分から声をかけられるようになった」。

同校を卒業したある大学生は、「たくさんの責任を任され、それと向き合ううちに、僕は僕でいいんだと自信を持てるようになった」と言います（以上、「読売オンライン」の「不登校と向き合う」２０１３年5月10日）。

このような話は新聞紙上にはたくさんあります。

やはりいじめが原因で小学校5年生で不登校となり、長年自室に引きこもった宮城県栗原市のある青年は、20歳頃に介護施設で働きました。そのことがきっかけとなり、お年寄りから頼られ、人に必要とされる体験の中で社会に一歩踏み出しました。勉強の意欲も湧き、小学校の教科書から学び直し、２年半かけて高校

卒業程度認定試験にも合格したそうです（「朝日新聞」２０１2年12月17日夕刊）。

茨城県ひたちなか市のある青年は、内向的な性格に加え、幼い頃からつまずきの連続だったそうです。小学校の時に視力が落ち、メガネをしたら、からかわれたり、転校先の中学校ではいじめられ、登校を促す担任の電話が怖くなりました。大学卒業後は「ドアを開け、お辞儀して、という面接の決まり事を失敗するのが怖かった」と就職活動をしませんでした。「社会に出たら曖昧なことは許されない。とても自分が所属する居場所はない」という考えに縛られていたそうです。

「どん底の日々から脱したきっかけは東日本大震災だった。断水し、近所の人たちに『水をくんできてほしい』と頼まれた。『自分は何もできない』と思っていたから、うれしかった」（以上、「読売新聞」２０１5年9月15日夕刊）。

非行だけでなく、不登校や引きこもりから立ち直る時も、実に似ていると思いませんか。

自殺も同じ

和歌山県のある町の30歳代の男性は、「飲食店で接客の仕事をしていたが、慣れない調理の仕事に回されたことをきっかけにつまずいた。退職してうつ状態になり、『居場所はない』と思い詰めた」そうです。自殺を決意し、その町にある断崖絶壁に向かいましたが、いざとなると足がすくみ逡巡した末、近くの看板にあった「いのちの電話」に助けを求めました。

そこは自殺志願者の保護と社会復帰支援に取り組む団体で、その後この団体の始めた飲食店で働き、男性は「以前は無力感しかなかったが、今は存在を認められ、必要とされていると感じる」と言います（「読売新聞」２０１４年9月10日夕刊）。

人は何かの理由で居場所がなくなって、「認められない」「必要とされない」という感覚に陥ると、自殺に至ってしまうかもしれないのです。そのことを綴った文を読んでみてください。これははっきりと遺書として残されたものではありませんが、自殺の前日に綴った人権について考える宿題の作文ですので、事実上の遺書と考えられます。

２００４年6月、埼玉県蕨市で中学2年生の女子生徒が飛び降り自殺をしました。彼女は部活動の仲間から罰ゲームで嫌がらせを受けたり、害虫のあだ名で呼ばれるなどのいじめを受けていました。

「誰だって自分を否定されるのは嫌だと思うし、つらく悲しいと思います。その人に対して、私はもう必要のない人間なのか、もう世界中誰一人と私をこれから必要としてくれないのか、考えてみたらとても胸が痛くなりました。イジメは自分をどん底まで沈めます」（「朝日新聞」２００７年2月2日夕刊）。

このように自殺も、「認められる」「必要とされる」ことが共通のキーワードになっていることがわかります。

少年や青年だけでなく、老人になっても同じ

団塊の世代が退職期に入ったのが２００７年からですが、厚生労働省の調査によると、アルコール依存症の専門病院を受診した60歳以上の患者は、10年前の1・4倍になったそうです。「退職などに伴う自由時間の増加が大きく影響」と分析しました。

人生のほとんどを費やしてきた会社には居場所はなくなり、現役中は地域や近所との関わりも薄いため、今さらつながりもなく社会から孤立したところに自由

な時間だけは膨大にある、こんな感じが定年後の生活でしょうか。

現役時代は他の社員にも認められ、会社では必要とされていたのに、肩書きも誇りも失われ、この喪失感を埋めるためにアルコールに依存する人が増えたのでしょう。

経済学者のケインズは「生きるために働く必要がなくなった時、人は人生の目的を真剣に考えなければならなくなる」と言ったそうですが、さんざん働いてきて定年になり、今さらにして人生の目的を探すのは大変なことです。

ケインズの言葉の意味は、もう「生きるために」働く必要がなくなった人は、次の人生は生きていること自体に充実感がないと、今度は生きていくことができなくなるということを言っているのです。

この「生きている充実感」こそ、「認められる」「必要とされる」という感覚です。この感覚は老人になっても欲する感覚なのです。これなしに生きていくことは、とても辛く虚しいため、満たされないとアルコールなどに依存してしまいます。

人は年齢を問わず、問題を解決する時も、問題を抱える時も、「認められる」

「必要とされる」という感覚を実感できるかどうかが重要なのです。

「認められる」「必要とされる」には他者が必要

思春期の子どもは、注目されるために目立つ行動をとろうとします。後述しますが（41ページ）、家庭や学校で起こす「困った行動」も「問題行動」も、その目立とうとする行動の1つです。

しかし、目立ち注目されたいという行動は、人と違う言動をしたり、「校則違反」のような人と違う格好をすれば、とりあえずは実現することです。ところが、「認められる」とか「必要とされる」という実感は、さらに質の高い実感であり、認めてくれる他者や必要としてくれる他者がいないと実現できないことです。

ということは、目立ち注目されたいという行動に、親や教師が注目し相手になってやっただけでは、認められ必要とされる実感を得ることは決してできないということです。他者がいなければ得られないからです。

そうすると、他者との関係性の中にその子どもたちを「誘導」していくのが、私たち親や教師の仕事です。もちろん、荒れた子どもはその「誘導」に簡単に乗ってきません。

学校には他者との関係性を築く場がたくさんあります。学級活動、係活動、行事、委員会活動、部活動などです。家庭内にも家事の分担、きょうだいの助け合い、地域の行事への参加、休日の体験学習などがあります。

荒れた子どもは行事にも取り組みません。しかし、どんな子どもも始めから荒れているわけではなく、むしろ「1年生の時は、普通だったがどこか危ない」と思っていたと語る先生たちが大半です。「普通だが、危ない」という言葉の中に、まだ荒れていなかったが、来年あたりからは危ないという意味が込められているのですから、この時期を逃さずに認められ必要とされる実感を得られる体験に誘導することです。

④子どもは「存在」を無視されることを嫌う

存在が無視されることは最大の苦痛

いじめ事件ではよくあります。学級全員から無視されたり、大勢の子たちから

「死ね」「消えろ」などの言葉を投げつけられた結果、死に至る事件です。

それは決してその子が弱いからではなく、誰もが自分の存在する意味や価値を探しあぐね、存在を最も無視されたくない時期に、学級全員から存在を無視されたり、「死ね」などの言葉で存在を否定されれば、「自分は生きている価値がないのかもしれない」と絶望的心境に追い込まれるのは当然です。

もし自分の存在意味や価値に少しでも自信を抱いているならば、人は簡単には絶望しません。大人であれば「私には家族がいる」「家族は私を必要としている」「私は会社のために何十年と働いてきた」などという具体的な自信があれば、人は先のような嫌がらせやトラブルを跳ね返すことができます。

ところが、子どもはそうではありません。毎日毎日、学級で無視され続け「死ね」「消えろ」などと言われ続けたら、「本当に自分は生きている価値がないのかもしれない」と思い込んでも不思議はありません。

それほど人は、存在の意味や価値を問う動物です。ただ、恵まれた環境で育ち、さほどの激しい格闘をせずに、存在の意味や価値を問うことのなかった人にとっては、なかなか理解のできないことなのです。

教育観というのは、誰もが子ども時代を経験していますから、特に自分の経験を物差しにして考えてしまいます。自分の物差しからは考えられない行為をするような人は、本人の資質に問題があり、自分とは違う駄目な人だと考えがちです。しかし、人の内面にそんなに差はないのです。

ですから、思春期の成長の内側で何が起きているかを学んで欲しいのです。

意外と順風満帆な思春期を過ごしてきた教師は、学級では成績で存在感を示し、それなりに社会的評価のある大学に入り、教師という職業に就き、自分の存在する意味や価値を激しく問うこともなく大人になるのが普通ですから、わが事のようには理解できません。特に学ばなければいけません。

無視には2種類ある

存在の無視を嫌う子どもは、自分を防御するために、ここからいくつかの行動に分かれます。１つは逃げることです。逃げて不登校になったり引きこもることです。高校は学区外を選び新しい環境で、その後は意気揚々と学校生活を送り、立派な社会人として成長した子を何人も知っています。

私の学級に、逃げずに戦った子もいました。ただ、1人では戦えませんが、理解をしてくれるたった1人の友だちがいたのです。それだけで3年間休まずに登校し、同級生の行かない高校に進学し、今は幸せな家庭をもっています。数十年ぶりに会った時、「私はあの子がいたから中学校に通えた」と言いました。たった1人の味方がいただけで、人はこんなに耐えられるものなのです。

これらの例は、あえて周囲からいじめのように「無視」されるという攻撃を受けた場合です。ところが、もっとやっかいな「無視」というのがあって、自分は注目を浴びたいが、誰も注目してくれないために「無視」されていると思う場合です。誰も無視しているつもりもないし、あえて無視するような言動はしていなくても、「無視」されていると受け取るのです。

いじめのような外側からの攻撃的な無視に対して、子ども自身の内側から湧き出るような感覚です。前者は「外発的な無視」、後者は「内発的な無視」とでも呼んでおきましょう。

注目されるために目立つ行動をとる

やっかいなのは、この「内発的な無視」です。周囲はなかなか気づきません。周囲は何の攻撃もしていないのに、当の本人は「無視されている」と思うのですから困ったものです。とても発見しにくい「無視」と言えます。

子どもは「内発的な無視」を感じると、注目を得るために何らかの目立とうとする言動をとることになります。言動の相手は家庭ならば親、学校ならば教師または周囲の子どもたちです。その言動には2種類あって、1つは親や教師や周囲の子どもたちの意向に沿う言動で、親や教師には「いい子」に映ります。

もう1つの言動は、親や教師に逆らうことによって注目を得ようとする言動です。逆らうと親も教師も放置できないために、叱ったりなだめたりして、対応せざるを得ませんから、必然的に注目を得ることができます。こちらの言動は親や教師には「困った行動」「問題行動」として映ることになります。

家庭で起きる「困った行動」には叱ってばかりいない

家庭で起きる「困った行動」は、大半が親の注目を得て、自身の存在を確かめたい欲求からです。ですから、叱ってばかりいては駄目で、父親は叱っても母親は「でもあなたを愛していますよ」という気持ちを普段から伝えていることです。実際には、「困った行動」をしていない時のほうが、圧倒的に多いのですから、普段はきちんと愛情をかければいいのです。

意外と多い親子関係は、「困った行動」をしていない時には淡泊な親子関係で、「困った行動」をした時だけは厳しく叱る、という親子関係です。これでは子どもは「内発的な無視」を感じ、「困った行動」を繰り返して注目を得ようとします。叱ってばかりいては繰り返すだけです。

「試し行動」というのがあって、本来の意味は里親の元で暮らしている里子が、里親に対してどこまで許してもらえるのか、自分を丸ごと受け入れてくれるかを試す行動をさしています。わざと里親を困らせて、自分を本当に愛しているのかを試しているというわけです。実際には里親と里子の関係だけでなく、実の親子間にもある行動です。

また、この「試し行動」は大人になってもあります。私は定年後に老人介護施設でボランティアをしていますが、その施設のベテラン所長さんの話によると、

80歳を超えた老人にも「困った行動」があり、その真意は「相手にして欲しい」「家族に来て欲しい」というもので、真意が実現すると「困った行動」は減るそうです。これも「試し行動」とよく似ていて、どの年代にも見られるようです。

小学校で起きる「困った行動」にはこう対応する

小学校で起きるこの「困った行動」は、いわゆる「学級崩壊」をまねく過程でよく見られます。主として担任の先生に対して向けられます。

理由はいくつかありますが、１つは、家庭で親から得られない愛情を担任の先生から得ようとする場合です。

これは低学年から高学年まで、どの学年の子どもでも起きます。何らかの理由による家庭での愛情不足を担任に求めるのですから、まずは、家庭での生活がどのようになっているか、という検討が必要ですが、親が同じ立場で家庭を振り返ってくれるまでの一致が難しいのです。一方的に説得しようとすると、反発を買い担任批判になりますので、時間をかけて学校での様子を話し合い、できれば親の側から気づくのが最良です。

ところが、高学年の「学級崩壊」は少し違います。単に親から得られない愛情を担任に求めるというものではなく、はっきりと担任に不満をもって「困った行動」をとります。例えば、「あの子はいつも褒められているのに、自分は褒められない」などと、注目してくれないことへの不満、「同じ事をしてもあの子は怒られないのに、僕は怒られた」などの、不公平感への不満などを背景として起きますので、いったん「困った行動」が起きると簡単には直りません。

ですから、いちばん最良の対応は普段から、子どもを「認める」活動をしていること、不公平感を抱かせないような対応が必要です。勉強でしか活躍できない学級ではなく、多くの子が活躍し認められる学級をつくることです。

中学校の対応は複雑

中学生になると、「内発的な無視」はさらに嫌いますから、いよいよやっかいです。しかも、「困った行動」は教師に対してだけでなく、周囲の生徒たちに対しても起きます。

例えば、「校則違反」もその1つです。まっとうな方法で目立つことができないと、最も安易ですぐに可能な校則違反にはしるのです。そうすれば周囲の生徒には注目されます。当然、教師からは「注目」されて叱られるでしょう。それでも根本には、目立つことによって注目され、親や教師に相手にして欲しい、という意外と単純な欲求があるのです。ですから、大いに注目してやり親とも相談し、無視しないことです。最も多いのは、親に相手にされず愛されていないことへの不満です。

ところが、この親への取り組みがされなかったりうまくいかないと事態はもっと深刻になります。周囲の子どもたちの考えや雰囲気を代弁したものとしての「困った行動」になっていくため、「校則違反」よりもはるかに複雑になります。

例えば、教師への暴言や暴力です。周囲の子どもたちの考えや雰囲気を代弁していると、そう簡単には指導を受けつけませんし、反省もできません。さらに周囲の子どもたちによって「英雄視」されますから、さらにエスカレートします。もうこうなると本格的に指導方針を見直し、全職員で取り組まなければいけません。これは本書の目的ではありませんから省きます。

子どもの成長には、存在の意味や価値が深く関係していて、もし「無視」されるようなことがあれば、相当なエネルギーを費やしてでも抵抗することを知っておくべきです。

ここまでで、少し補足したいと思います。

まず、「思春期」とはどんな時期かと言えば、子どもから大人に脱皮する時期です。これまでとは違う価値観や周囲への関心を持ち始めます。自分を見つめ直し、自問自答を繰り返しながら、新しい自分につくりかえようとします。

また、「自立」とは、他者に依存しないで生きること。辞書で引くとこうあります。つまり親離れです。自分でつくった親とは別の「物差し」をもつことだと思えばいいのです。これからはこの「物差し」で、物事を判断し、決定して生きていこうとすることです。

「物差し」とは価値観のことですが、どんなことを正しいと考えるか、どんなことを美しいと思うか、どんなことを嫌だと思うか、などの考え方・見方ですから、これをもってないと常に他人の評価や判断が気になるし、自分で決められないことになります。

これではとても1人の人間として生きてはいけません。ですから、自立は子育ての必須の目標なのです。

⑤100％正しい子育ての方法も教育論もない

誰でも教育評論家！

ここまでの話はわかった、それならどうすることが正しいのかという疑問もあるかと思いますが、100％正しい子育ての方法も教育論もない、ということを知っておいてほしいのです。

子育ての方法や教育論ほど、多様な考えが噴出する分野はありません。極端な話ですが、犬1匹を飼っただけでも、犬を子どもに置き換えて子育ての方法や教育論を論じる人もいます。

例えば、犬を飼い主よりも上位に扱うと、やがて我が儘な犬となり、もはや人間と共には住めないほど吠えたり、家の中じゅうを荒らします。しかし、初めに犬と人間の間の上下関係を厳しく教えれば、お互いに幸せに共存できます。

すると、1つの子育て論ができます。小さい時の躾が一生を左右する、親に威厳がないから今の子は我が儘になる、などと。

いじめ問題、学級崩壊、校内暴力、さらには少年事件など、教育問題として扱われる問題は多く、テレビのワイドショーのネタには事欠かないようです。そこに出演するコメンテーターなる人も、かつて教職を経験した人から、精神科医、スポーツ選手、俳優、お笑いタレントまで実に多彩です。

ところが、ひとたび話題が経済問題となるとそうはいきません。毎日、買い物をしてお金を使っていても、銀行に貯金をもっていても、とてもそれだけでは経済論議は展開できません。仮に株の売買をしていても、かなりの専門知識がなければ経済は語れません。

それに反して教育は語れます。犬1匹飼っていても、それなりに語れますから、教育問題に関しては「一億総評論家」の時代と言えます。

100%正しいものも、100%間違ったものもない

こうして議論は百出することになりますが、これがまた100%正しいとは言

えないし、１００％間違っているとも言えないので、困ったことも起きます。

私が現職として勤めていた時の話ですが、ある若い先生が大変困っていました。とても生活にだらしのないグループがいて、授業には遅れてくる、昼食も好き勝手な場所で食べる、掃除はさぼる、などという状態でしたが、ある時そのグループの何人かの親から「もっと厳しく指導して欲しい」と要求されました。そこで担任は、約束事をはっきりと全員に示し、守らなければ厳しく叱責し断固として守らせました。すると意外にも、そのグループは落ち着きました。

ところが、今度はまじめでおとなしいグループの子たちやその親から、「厳しすぎて学校が楽しくない、管理的で殺伐としている」という趣旨のことをわが子が言っているなどの批判が出てきたようです。

担任としては、後者の意見を聞けば、前者の生徒たちはまた乱れてしまうことがわかっているだけに頭を抱えてしまいました。

やや語弊はあるが、簡単に言うと「厳しくするべき」か「やさしくするべき」かという対立です。似たような対立に、「叱るべき」か「褒めるべき」か、「すぐ直させるべき」か「気づくまで待つべき」か、「断固として押し通すべき」か

「納得をさせてから通すべき」か、「教えるべき」か「任せるべき」か、「責任をとらせるべき」か「そこまでは問わない」か、「罰を与えるべき」か「その必要はない」か、などとまだまだ実にたくさんあります。

教育論議では二者択一がよくありますが、現実の学校現場ではどちらも正しいことが多く、「どういう場面」か「どういう子」か「どんな指導の流れ」かなどを即座に判断して、どちらかに決めるわけです。

しかも、現実はさらに複雑です。「厳しくするべき」と判断したとしても、今度はどの程度厳しくすればいいのか、厳しくの中身は説教でしょうか、それともゲンコツの一発くらいのことでしょうか、何時間もかけて説教するのでしょうか。

学校現場では、教師はほぼ毎日のように直感的に選択して判断します。

さて、ここまでで私の言いたいことをまとめておきます。

教育論というのは、教育現場を全く知らなくても誰もが安易に語れるため、いろいろなもっともらしい議論がなされます。その渦中に巻き込まれると、親や教師は迷いに迷うだけです。迷うからもっと他に正しい方法があるのではないかと思い込み、より100％正しいものを求めてまた迷うのです。そもそも、そのような１００％正しいものはないと思わなければいけません。

さらに、親や教師が迷っているうちに、問題解決がより難しくなってしまうことを覚えておいてください。

余談ですが、コロンビア大学のシーナ・アイエンガーの「選択の科学」（文藝春秋、２０１０年）に彼女が行った有名な実験があります。

通常、何かを買う時には、その種類が豊富にあるほうが客は買いやすく、よく売れるはずだと考えがちです。そこでスーパーマーケットで24種類のジャムを並べ、別の日に6種類のジャムを並べて売り上げを比較したのです。すると、種類の少ないほうが6倍も売り上げがあったという実験です。

つまり、選択肢が多すぎると買う意欲が低下してしまうのですが、その要因の1つとして、「沢山の選択肢の中から1つを選ぶと、購買後に他の製品が良かったかも知れないと後悔したり、他人の評価などで他の製品の方が高評価であったりした場合に後悔する可能性が高くなる。比較対象の数が多ければ多いほど、心理的ストレス状態に陥りやすくなってしまう」（「マーケティングｗｉｋｉ」より要約）と考えられるそうです。

客を迷わせ過ぎると、ストレスがかかるため買わなくなるということです。ここで注目したいのは、人は適度な選択肢を越えて多すぎると、ストレスが溜まるということです。「一億総評論家」時代にあって、親や教師にストレスが溜まるのも不思議はありません。

第2章

子どもはどうやって成長していくのか

第2章　子どもはどうやって成長していくのか

この章では思春期の子どもがどうやって成長していくかを述べています。

昔の親や教師は「思春期とは」などと意識して、子育てや教育をすることはほとんどありませんでした。まだ地域や家庭の中に教育力があったから、自然とうまくいったのでしょう。

昔とちがって、社会が激変し、いま思春期はとても乗り越えにくくなりました。親や教師にもかつては子ども時代があり、思春期を乗り越えて大人になったのですが、子ども時代のできごとは覚えていても、思春期をどうやって乗り越えてきたかを明確に覚えている人はいません。「自分には思春期があったのだろうか」という大人さえいます。

いまや思春期に子どもは何を考え、何と格闘しているのかを知らずには、親や教師は子育ても教育もうまくいきません。思春期の成長途上で必ず遭遇するこの格闘を支えることができる最大の援助者は、家族と教師です。ここでは家族の問題を中心に述べましょう。

①思春期の関所

親は思春期の「関所」を知る

１００％正しい子育てはありませんが、仮にあったとしても無理な話です。それはたいがいは子育てが終わった後にわかることですから、子育ての最中にわかることなどありません。子育てを完全に理解してから子育てをする人はいません。育て終わった後に、はじめてどこをどうすべきだったのかが、わかるのですから、困ったものだといえば困ったものです。

でも、その迷いを減らす方法ならばあります。それには思春期の「関所」をよく知ることです。１００人の子どもがいたら、１００通りの成長がありますが、でも全ての子が必ず通る「関所」のようなものがあります。「関所」は必ず通らなければいけないように、思春期にも必ず通る「関所」というのがあるのです。

それは、「目立ちたい」「注目されたい」「認められたい」「頼りにされたい」という成長に伴った質の高い欲求です。

「自立の旅」は家庭から始まる

反抗期の本当の目的は、親への反抗そのものではありません。反抗の向こうにある「新しい自分」を得るために、とりあえずは親につくってもらった「これまでの古い自分」を壊して前に進んでいきたいのです。まさに「自立の旅」です。

ですから、必ずしも激しく親に反抗しなくても「新しい自分」を見つける子もいます。「新しい自分」は親との格闘だけでなく、他の大人との格闘や、また社会的体験や書物から学ぶ場合もあります。あの本を読んで、あの音楽を聴いて、あの体験によって私は一生の仕事を決めたなどという劇的な人は、親との激しい格闘をせずに「自立」できたと言えるかもしれません。

しかし、それでも「自立の旅」は、やはり家庭から始まります。その劇的な人たちも自分を愛する親がいて、無警戒でいられる家庭があったから、安心して「新しい自分」をつくることができたのです。いわば家庭は「心のより所」だったのです。人の心は「より所」がないと安心できません。

「心のより所」がない家庭の子は、「自立の旅」の最初に大きくつまずくことになります。

ただし、この愛情はなければいけないが、歪んだ愛情の強制であったりすると、「心のより所」にはならず、不安という心の負担が新たに生まれてしまいますから、「ほどよい愛情」でなければいけません。むしろ、子育ての本当の難しさはこのほどよいさじ加減です。

どんな子も通常は特別な理由がない限り、「家庭」から「自立の旅」は始まります。

私は40年近く学校現場で子どもたち、特に「荒れた子ども」「非行少年」と言われる子どもたちと接してきました。厳密に数えたことはありませんが、多分100人は超えているでしょう。そのほとんどは3年間ほど接し、親も家庭の状況もつぶさに知っています。

「荒れた子ども」の家庭は、幼少期からいくつかのことが欠けています。ところが同じきょうだいでも全く違うことがあります。兄はとてもしっかりとした子だったのに、弟はとても荒れていたというように、同じ家庭で育ってもその時の家庭環境や家族関係の違いが、とても大きな影響を与えることがわかります。

一方で、「荒れた子ども」と同じような家庭環境や家族関係なのに、とても健全に育ち、その後もしっかりとした人生を歩んでいる子たちも見てきました。

同じような家庭環境や家族関係なのに、天地ほどの違う思春期を送るのはなぜでしょうか。これは、とてもその子の性格や資質だけでは説明できません。

また、いわゆる「いい子」が小学校高学年や中学生くらいから崩れたり、高校生になって道を踏み外す例もたくさん見てきました。どうして、あんなに「いい子」が崩れてしまうのでしょうか。しかも、たいがいはその後の家庭環境や家族関係には大きな変化はありませんでした。

どのケースにも共通しているのは、家庭での子育てに欠けていたものがありました。その欠けていたものの影響が、どの時期にどのようになって現れるかの違いです。

もちろん、子どもは親によってのみ育てられるわけではありません。実際、親のいない子が立派な大人になった例も多くあります。それならば、親がいなくても何かがあったので健全に育ったのでしょう。

「家庭」とはどういうところか

その疑問を解くために「家庭」という場所は、子どもにとってどんな意味をもっているのかを考えることから始めましょう。

家庭は子どもにとって、本来、無条件に愛され可愛がられる場所です。「無条件」がつくのは、親の都合や親の価値観で、愛されるかどうかが決まる家庭があるからです。「荒れた子ども」の家庭は、親の都合や親の価値観で、愛されるかどうかが決まってしまうのです。

親の都合とは、例えば「はじめに」の菜摘さんの親のように、交際相手の男の家に入り浸る極端な親の場合もあれば、両親の不仲によって「関心をもたれていない」と感じさせる場合もあります。私が経験した「親の都合」で最も多かったのが後者のケースです。

両親が不仲でも、わが子は愛せると思う人もいるでしょうが、子どもは愛されているという実感はもてません。教え子のある子はこう語りました。

「父はあえて夜遅くにしか帰ってきません。たまに早く帰ってくると、母は家を出て行くか、父は自分の部屋で１人で食事をします。そんな両親から別々に可愛がられても、とても愛されている実感はありません。私が高校を卒業したら、いずれは離婚するらしいです」。

しかし、この生徒の家庭は1年や2年でこうなったわけではありません。詳しい事情は私にはわかりませんが、この「家庭内別居」に至るまでの少なくとも数年は激しい夫婦喧嘩があるのが普通です。この生徒はその中で一緒に生活してきたのですから、親に愛されている感覚は生まれるはずはありません。この親なら私を見捨てるはずはないという強い信頼感、安心感がもてないのです。それどころか、あえて夜遅く帰る父親や、家を出て行く母親を見ればなおさらです。

親の都合には、経済的な問題も深く関わっています。無理して購入した家のローン返済のために両親が遅くまで働き、わが子と接する暇もなかった例もあります。また、ひとり親家庭のため経済的に苦しく、母親は夜遅くまで働く例は特に多いです。

このように親の何らかの都合により、子どもが親に愛されていることを実感できていないことが、あの「荒れた子ども」たちの家庭では共通して起きているのです。

「親の価値観」で素顔でいられない子ども

同じことは「普通の子」や「いい子」の家庭でも起きていることがあります。親の偏狭な価値観によって子どもが翻弄される場合です。

例えば、一番よくあるのが、学力への偏重した価値観です。私立中学への進学のために、小学校低学年から、塾通いと受験勉強を強いられます。期待に応えられているうちはまだしも、応えられなくなると親は子どもを見捨てる言動を繰り返します。これでは親に愛されている感覚は生まれません。

あるいは、親の完璧主義に近い躾のために、全生活が親によって厳しく管理される場合もあります。

いずれもわが子の幸せを願ってのことですが、歪んだ愛情を強制すると、子どもは見捨てられたくないから必死に親の期待に応えようとします。応えなければ、愛されないのではないかという不安に襲われます。

「荒れた子ども」の家庭と「普通の子」や「いい子」の家庭は、いっけん親の関わり方が全く違うように見えます。多くの親は私の家庭は、放任家庭ではないと思っていますが、放任しているかいないかではないのです。本当に子どもは

「無条件に愛されている」かどうかなのです。

自立の出発点では、この実感がないと長い「自立の旅」を進むことはできません。

無警戒でいられるのが「家庭」

愛されている実感がもてると、「見捨てられない」という安心感を抱き、家庭では無警戒でいられます。

大人でも無警戒でいられるから、会社で張りつめた神経も緩めて駄目な自分、だらしのない自分を見せられるのです。会社ではとてもそんな姿は見せられません。家庭とはそういう場所であり、家庭に帰っても、何かを警戒しながら緊張感をもって生活したのではたまりません。

子どもも同じです。「自立の旅」には失敗がつきものです。その失敗を隠さなくても「見捨てられる」ことのない家庭、悩んでいる駄目な自分を見せても、本音や弱音を吐いても愛される家庭が必要なのです。

もっと具体的に言うと、弱い自分を見せても、本音を言っても聞いてくれる大人がいるかどうか、それでも「見捨てられない」という安心感のある親がいるかということです。そういう親や大人が1人いればいいのです。

ただし、次の②「家庭には適度な『壁』も必要」で述べますが、家族や特に両親がただ聞いてやればいいわけではありません。

②家庭には適度な「壁」も必要

家庭には「愛情」だけでなく「壁」も必要

母親は子どもにとっては、低いハードルがいいのです。思春期の子どもは低いハードルにまず逆らい始めるからです。高すぎると逆らえないから反抗する意欲が起きません（詳しくは第3章①）。

子どもは逆らうことによって、いろいろな考えや価値観をつくるしかないのです。生まれながらに立派な考えや価値観をもって生まれてくるわけではなく、最初は一番身近な親の影響を受けます。通常は母親ですが、祖母であったり父親であってもいいのです。

その一番身近な人に愛されることによって、子どもはこの世の中で一番安心して信頼できる人と思うようになります。もし、愛情を感じなければ信頼しません。その信頼できる人、例えば母親の影響を受けて、母親の言うことを受け入れるから、躾もうまくいくだろうし道徳的観念も定着していくのです。

その母親の影響を大きく受けた躾や道徳に対して、思春期になると疑問を感じ始め、新しいものをつくろうとします。さすが人間の子どもです。これが人間以外の動物ならば本能として受け継いでいくことを繰り返すだけですから、進歩も発展もありません。

人の子どもは親から教えられたことに疑問をもち、いずれ批判・否定し、新しく作りかえることによって、自らが判断し決断し実行する自立した大人になるのですから、すごい動物だということになります。犬や猫には思春期はありません。

ところで、これは学問の世界でも同じで、疑問をもち批判し否定することは欠かせません。もし、「AはAである」という考えを永遠に繰り返していただけでは、新しいものは生まれません。誰かが「本当にAはAなのだろうか。もしかしたら、Bなのではないか」と疑問をもち批判をすることによって、学問は進歩し新しい発見や発明も生まれてきました。子どもが自立する時も同じです。

　この疑問や批判を向ける相手は、一番身近で信頼できる大人、通常は母親なのですから、適度に低いハードルがいいのです。

　しかも、低いのですから、親としてはいつかは乗り越えてもらいたいのです。そこで必要なのがもっと高いハードルである「壁」です。「壁」は通常は父親です。

「壁」の中で子どもは守られる

　「壁」と言うと冷たく感じますが、よちよち歩きの幼児を守るためのベビーフェンスを思い出してください。この防護柵があるから、親が少々目を離しても自由にさせてやれます。自由に這うことによって手足や足腰を鍛えて、自ら立って（自立）歩く準備をしているのです。人の子どもはまず自立し、次に精神的に自立しますから、二度「自立」すると言えます。

　思春期は親に逆らい暴走してしまうことがあり、防護柵のような「壁」がないと危険です。実際、暴走してしまったのが「非行少年」と言われる少年たちです。

本来なら、母親とぶつかり喧嘩もしながら、自分を作りかえようとするのですが、あまりにハードルの低い物わかりが良すぎる母親では、子どもは成長できません。例えば、母親が忙し過ぎて面倒な対立を避けるため、すぐに子どもの言いなりになったり、母親の関心が子どもになかったり、いろいろな理由で親子の格闘がないなどの場合です。

こういう時に、家庭に「壁」がないと容易に乗り越えて、例えば地域の非行集団などに行ってしまうのです。そこには家庭にはない「魅力」に溢れているからです。子どもは思春期になると、ただ「愛されている」だけでは駄目なのです。それよりも、「目立ちたい」「注目されたい」「認められたい」「頼りにされたい」という質の高い欲求が芽生えてきます。

これは「愛されたい」という欲求に比べると、はるかに質が高く大人に近くなってきた欲求なのです。例えば人に「愛される」には姿形を美しくする、親切にする、やさしく接する、面倒を見るなどが思い浮かびますが、人に「認められる」となると、困難なことを解決する、人の嫌がることを引き受ける、人の役に立つことをする、などと高いレベルであることがわかります。美しく着飾っても

「愛される」ことはあっても、「認められる」ことはありません。

「非行集団」の「魅力」

ところが、「非行集団」には、それを実現する「魅力」があります。校内で一目置かれた「ワル」と一緒に歩いただけで、普通の子たちからは「注目」されるでしょう。違反の服でも着ていけば、「目立つ」ことこの上なく、さらに先生たちにも「注目」され、やがて「非行集団」の中で同等に「認められる」ようになります。

もちろん、欲求の歪んだ満たし方ではありますが、そんないっけん馬鹿げたことが本当に起きるのです。例えば、私の教え子が高校生の時に摂食障害になり激ヤセしました。10年後の彼女が語ったのは、「私は病気になりたかった。そうすれば両親は私に注目してくれると考えた」ということです。人の満たされない心は、普通の理屈ではとても考えられない行動で満たそうとするものです。

さて、低いハードルである母親に逆らいながら、今度は壁に向かっていきます。当然、壁によって跳ね返されますが、そこで子どもはふと考えるわけです。

「私はこう思って親に向かって言ったが、もしかすると私のほうが間違っていたのかな。いや待てよ、そんなことはない。よし、今度はこういう風に言おう」などと自問自答し作戦を立て直します。その様子を見ていた母親が、時には子どもの言い分の一部を認めると、子どもは少し認められた気持ちになり、自立に一歩近づきます。母親の役割は「つなぐ」役割で、父親の役割は「切る」役割とはうまく言ったものだと思います。

尊敬されている「怖い人」が「壁」になる

実は学校の中も同じで、低いハードルのやさしい先生には逆らいながら、高いハードルの怖い先生には跳ね返される、これが学校の理想です。やさしい先生ばかりに、怖い先生ばかりに偏っていてもいいことは何もありません。よく「怖い先生」がいないので学校が荒れた、担任がやさしい先生で学級が荒れた、などというような話はよく聞きますが、それは正確ではありません。

きっと、厳しい校則や規律の指導で落ち着いた学校をつくろうとするから、「怖い先生」だけが歓迎されるのでしょう。しかし、第3章では8人の生徒を例に述べていますが、荒れた生徒には荒れる「わけ」があるのですから、「怖い先生」だけでは学校はつくれません。同様にやさしい先生ばかりでもいけません。だから、学校の先生たちは1つの「チーム」のようでなければいけないのです。

さて、家の中の「怖い人」は通常は父親であり、父親が烈火の如く怒って「壁」になります。父親が壁となって跳ね返している間に、子どもの暴走は守られ、やがて子どもは壁としての父親が必要なくなります。それは、子どものほうが自立すると、精神的に父親を乗り越え、もはやぶつかっていく意味での父親は必要がなくなったのです。もちろん、「乗り越えた」という意味は父親より立派になったということではありません。父親とは別の新しい自分に作りかえたため、父親の手助けは必要がなくなったのです。

ただし、この「怖い人」には条件があります。「怖い人」は子どもに尊敬されていることです。厳しく叱られて跳ね返されても、社会人として尊敬できる父親の「声」を自分の内に取り込もうとします。子どもがその「声」を内面化すると、もはや父と子はわかりあい対等になっていきます。

母子家庭の場合

読者のみなさんの中には、それでは母子家庭はどうなるんだよと思った方もいるはずです。最後にこのことにふれないわけにはいきません。仮に父親がいなければ、その役割を他の家族がやるか、母親が二役をやるしかないのです。

私の教えた子どもたちには母子家庭の子もたくさんいましたが、荒れた生徒が10人いたら、残念なことですが８人前後は母子家庭です。もちろん、正確な統計があるわけではありません。ただ、２００校以上の「荒れた学校」を見聞してきた私の経験では、「荒れている生徒」の８割前後は母子家庭か、父親はいるが、いろいろな理由で事実上は母子家庭というのが実態です。

ところが、母子家庭でも健全に育っている子にもたくさん出会ってきました。そういう子たちは「普通の子」よりも、母親の苦労をよく知っているので、母親に迷惑はかけられない、母親を困らせたくないという自制心が強く、むしろしっかりとした子になっています。母子家庭だから荒れるわけではありません。

結局、母子家庭の母親は仕事に忙しく、愛されているという感覚を子どもがもてないことが問題で、父親がいないために起こる厳しさの欠落はそれほど決定的ではないことがわかります。それは、父親がいないことから生じる強い自制心や、母子に強い絆が育つからではないでしょうか。

母子家庭は、父親がいないことによるハンデよりも、仕事が忙しくわが子を愛する時間がないというハンデのほうが、切実な問題なのです。ですからこの問題は、共働きの家庭でも起こり得る問題です。

③「見捨てられていない」という感覚

見捨てられた感覚

これは、自分は相手にされていない、自分は何の期待もされていない、自分の価値をわかってくれていない、という感覚のことです。つまり、自分は見捨てられているということです。

教師が子どもを指導する時に、子どもが教師に対してこのような感覚を抱いている場合には、指導はなかなか入りません。見捨てられていないという感覚があれば、指導され叱られても教師の話を自分の心の中に取り込む努力をします。

同様のことは親子関係にも言えます。親が子どもを叱っても、見捨てられていないという感覚があれば、子どもは親の話を受け入れようとします。

思春期には子どもは様々な間違いをしながら自立します。1つの間違いもせずに真っ直ぐに育つ子などいません。だとすると、子どもは親から、生徒は教師から、「私は見捨てられていない」という感覚が、子どもや生徒に育っていないと叱っても指導は入りません。

「見捨てられていない」安心感

例えば、学校の中で授業を妨害したり物を壊したりする場面があります。もし、教師が見て見ない振りをすると、子どもの言動はさらにエスカレートします。見ない振りをして見逃してくれたから、これを機会に改心して言動が止んだという例は聞いたことがありません。確実にエスカレートするのが普通です。

だからと言って、注意をしたところで、みんながみんな止むわけではありません。これはこれでエスカレートすることがほとんどなのです。

そのため、学校現場で教師は迷ってしまうのです。注意してもしなくても、どちらにせよ、大半はエスカレートしていくならば、一般生徒の前で厳しく注意するよりも、後で落ち着いてから注意したほうがいい、まず興奮を収めることを優先すべきだ、些細な問題行動ならその〝挑発〟には乗らずに、そのまま無視したほうがいい、などという対応が生まれ、教師間でも違いが生じます。

指導される生徒の心の中に「見捨てられていない」という安心感が育っていれば、教師は迷わず叱れます。ただし、この安心感も一朝一夕には育ちません。育っていない間に、次から次へと問題を起こすのが現実の子どもです。

それでも教師は叱らなければいけません。もちろん、叱り方には工夫が必要です。ここでは叱り方の技術を述べるのが目的ではありませんので、多くは述べられませんが、叱り方だけで実にたくさんの本が出ているくらいですから、叱り方には色々な方法があります。

少なくとも怒りにまかせて、その生徒を全否定したりすることはいけません。例えば、「お前がいるからみんな迷惑している」「お前のような生徒は見たことがない」などと怒るのではなく、「さっきまでの君なら先生は大好きなのに」「こんな行動は君らしくないと思うよ」と言えばいいのです。〝無視〟して怒りが収まるのを待ったりするのではなく、〝挑発〟に乗ってやらなければ、子どもは無視され見捨てられたと感じるのです。

このような生徒の場合には、どっちにしてもその問題場面だけを指導しても、言動がまっとうになるほど簡単なものではありません。その後の時間をかけた指導や親も含めた相談が必要なのですから、問題場面では無視せずに、見捨てていないという姿勢を示し、長期間にわたって指導します。

しかし、家庭の中ならばもっと簡単に「見捨てられていない」という安心感を育てることができるはずです。

「条件付きの愛情」ではなく、「無条件の愛情」

家庭だからこそ、親子の間だからこそ、通常は「見捨てられていない」という感覚は育ちます。子どもが熱を出すと親は心配をします。時には寝ずに看病してくれた母親に気づきます。お腹が空いたのではと走って帰ってくる母親にうれしく思ったり、欲しかった物を買ってきてくれた父親が大好きになります。

こんなありふれた日常の積み重ねによって、子どもは自分は見捨てられていないという感覚を自然に得ていくのです。そこには無条件の愛情を感じるからです。もし、この愛情に条件が付いているとそうはいきません。例えば、「いい成績をとっていれば」愛されると感じると、成績が落ちれば愛されなくなるかもしれない、見捨てられるかもしれないという不安に駆られます。駄目な自分でも愛してくれるという無条件の愛情こそが、親子の間になくてはいけない愛情です。

この無条件の愛情によって支えられた「私は見捨てられていない」という感覚こそが、子どもが思春期を乗り越えていく時の基盤になります。この基盤がないと、子どもは安心して親に逆らい反抗することができません。反抗せずに、「いい子」を演じて見捨てられないようにするか、見捨てられたと感じた親に向かって非行・問題行動の形で激しく反抗することになります。

子どもが学校で起こす問題の大半は、家庭の親子関係が原因であることが多いのもこのためです。例えば「授業が始まっても教室にいない」「授業を妨害する」などですが、それを注意すると暴言や暴力が起きるというのは、必ずしも学校に原因があるとは言えません。

授業が始まって、廊下で騒いでいる生徒を注意するのは当然であり、その注意に従わないのでは、そもそも学校は成り立ちません。その原因を、教師の注意の仕方や叱り方だけに求めたのでは、根本的な原因を探ろうとしない姿勢です。

学校で起こる問題と一括りにするとわかりづらいですが、ふざけ合いからの喧嘩やちょっとした言い争いなどを含めれば、学校では毎日のように問題が起きます。こういった突発的な問題と、学校徘徊など常習化する問題は、明らかに異質です。さらに家庭に原因がない場合は一過性のもので、指導効果もありますので長期化することはありません。

ただし、根本的な原因が親子関係にあることを親に説くのは、大変な取り組みですが、これも教師の仕事の1つです。

家庭の崩壊は「見捨てられる」恐怖にとらわれる

「はじめに」の菜摘さんのように、家庭が崩壊すると自分を相手にしてくれる集団を求めて深夜徘徊も起き、非行集団であっても所属してしまいます。

家庭が崩壊していないように見えても、夫婦関係が悪く激しい口論などがあったり、もはや喧嘩もない「家庭内別居」同然であれば、事実上の家庭崩壊と言えます。このような家庭では、子どもは「私は愛されている」「私は見捨てられていない」と感じるでしょうか。親の都合によっては、いつ見捨てられるかわからない、という恐怖にとらわれて生活しているのです。この場合も菜摘さんと同じことが起きます。

この家庭崩壊自体を私たち教師はどうすることもできませんが、子どもには過酷な精神的苦痛を与えていることを、親には知ってもらわなければいけません。そうすることによって、親子関係が少しは改善することもあるのです。

私の経験では、うまく改善した例はとても少ないのですが、父親はさておき、母子関係だけは改善した場合がいくつかありました。また、離婚を決意しわが子と新たな生活を始めてうまくいった例もあります。必ずしも、両親が揃わなくても崩壊した家庭を解消したほうがいい場合もあるのです。

ただし、いずれの例も親が家庭の現実を話してくれるまでには、根気よく学校での様子を相談し、思春期のあり方を説かなければ現実を話してはくれませんし、決して教師側から予想で家庭内のことを話題にしてはいけません。親が納得して自ら話すことを待つ以外に方法がないのです。

叱っても心は離れない

見捨てられたと感じた時には、親の言うことは聞きませんから、「私は見捨てられていない」という感覚がどんなに大切かがわかります。

この感覚があると、親が子どもを叱っても心は離れません。

子育てのとてもいい言葉があります。この言葉はもともと中国の古い仏典にあったらしいのですが、

赤ん坊のときは　肌身を離すな
幼児のときは　手を離すな
子供のときには　目を離すな
少年のときには　心を離すな

という言葉です。実に簡潔で的を射た言葉ではないでしょうか。

一つ一つの言葉には、親の無条件の愛情を感じます。これならば子どもは見捨てられていないと感じるでしょう。思春期になった「少年のときには　心を離すな」とは実に的確な表現ではありませんか。

「心を離すな」とは、親が子どもを見捨てないことです。それがわかれば、子

どもは親に叱られても心は離れません。親に安心して逆らうこともできます。

最後に言うまでもなく、おおかたの人がそうであったように、子どもの時に親に叱られたり禁止されたりした経験が、親の愛情を失わないために、親から見捨てられないようにするために、社会の規範やルールを守る抑止力になります。しかし、それは幼少期であって、やがてその規範やルールは子ども自身の心の中に内面化されていくのです。あたかもそれが自分の考えであるかのように。

これが「躾」の構造でもあり、社会規範の身に付け方です。ここには親の愛情によって支えられている、見捨てられたくない、という原理が働いていることがわかります。

④思春期は他人との適切な距離を学ぶ

人が大人になるには他者が必要

私は本書で何度も、思春期の子どもには「認められる」「必要とされる」体験がなくてはいけないと言ってきました。孤独になって自分の頭の中だけでは、この体験はできないからです。認められるのも必要とされるのも、他者がいて初めて可能になります。

他人から「君のお陰で助かった」とか「君がいなくては困るよ」などと言われることによって、自分の価値を見つけることができます。その結果、自分は役に立っていることを実感するわけです。もし、「いじめられている子」が何人もの加害者から無視されたり「死ね」と言われても、他の級友たちに認められ必要とされる人間関係があれば、安易に死に至ることはありません。

逆の言い方をすれば、クラス中の誰からも認められ必要とされることのない、希薄な人間関係しかつくられないような学級は、自らの学級活動や行事が何のためにあるのかを、教師は反省する必要があるのです。

思春期は他人の評価を気にする

思春期は「他人の評価」がやたらと気になります。つまり、自分は人にどう思われているかということです。

小学校高学年から中学生のころに、親を困らせる言葉に「何でうちだけは駄目なの。みんなそうしているのに」というのがあります。例えば、帰宅時間であったり、携帯などの持ち物であったりしますが、親は「うちはうち」などと跳ねのけ、わが子と口論になることがあります。

「僕は僕だ」というのが確立していないこの時期は、とりあえずはみんなと合わせておく無難な道を選ぶのです。違うことをしたのでは、どう思われているか不安になるのです。自分の考えのない大人が周囲と同一行動をとる心理と同じです。

一般的に思春期の一時期には、他人と同一行動をとりながら、やがて「自分は自分でいい」という考え方に到達するもので、最初から「僕は僕だ」という考え方をもてる子はいません。

濃密な人間関係が生まれる

ところで、子どもたちは誰とでも同一行動をとるわけではありません。不安になるから同一行動をとるのですが、少しでも自分を認めてくれる他者を見つけて、そこに安定した居場所を得ようとします。

そのため、異常と思えるくらいべったりとした人間関係を築きます。休み時間はもちろん、音楽や体育などの移動教室も一緒に行動し、トイレにも連れ添って行きます。違う行動をとるには、勇気が必要となります。断れば嫌われるのではないか、友だちを失うのではないかなどと、お互いが不安になりますから、濃密な人間関係にならざるを得ません。

「他人の評価」が気になり嫌われていないかと、友だち関係の破綻が不安になります。メールやＬＩＮＥ、ツイッターなどのＳＮＳが普及すると、この不安にさらに拍車がかかり「返事をしないと嫌われるのではないか」「返事がこないのは私は今日、何か気に入らないことをしてしまったのではないか」「私のことを除け者にして他の人たちは、私の悪口を言っているのではないか」などと妄想が働き、さらに不安になります。

そうではなかったとわかっても、不安から逃れるためにいっそう濃密な人間関係を維持しようとします。

いじめや不登校を生む濃密な人間関係

この濃密な人間関係が、やがて激しいトラブルに発展したりいじめを生むことがあります。いじめは何の人間関係もないところでは発生しにくく、一定の人間関係があると発生します。しかも、その関係性が濃くなるにしたがい重大ないじめが発生します。

過去に社会問題化した「いじめ自殺事件」の被害者の多くは、いじめている子たちと仲間集団であり、濃密な友人関係でした。それだけに周囲の生徒や学校側も友だち関係の中の「遊び」か「ふざけ」と捉えてしまい発見が遅れます。

１９８６年の「鹿川君事件」（いわゆる「葬式ごっこ」）も１９９４年の「大河内君事件」、最近では２０１１年の「大津事件」も、みな濃密な人間関係から発生したいじめ自殺事件です。

また、濃密な人間関係があるために、いったんトラブルが発生すると、不登校になってしまう例も多くあります。

濃密な人間関係であったが故に、重大ないじめや不登校を生むことがあるのは、学校現場ではよくあることで、私自身もたくさん経験してきました。

かつて教え子の1人はこう言いました。仲のよかった友だちとのトラブルを経験する中で、彼女は心に決めていることがあったのです。

「私は友だちとは深くつきあいたくない。深く入り込んで喧嘩になると大変。だから、友だちと群れていても孤独です」。

十代半ばにして、このような人生観に到達するというのは、実に悲しむべきことで、濃密すぎる故にそれだけトラブルも激しくなるということなのでしょう。

悲劇を生むこともある

このことは大人社会でも言えることです。

「生き心地の良い町―この自殺率の低さには理由がある」（岡檀、講談社、2013年）を読んだ時に、私はあらためてそう思いました。著者は徳島県のある町が、全国でも極めて自殺率の低い地域であることに着目し、綿密なフィールドワークによって5つの「自殺予防因子」を見つけます。

おもしろいのは自殺率の高い近隣町村と比べて、「赤い羽根」募金はわずかしか集まらないらしいのです。また、老人クラブ（老人会など）の加入率も最も低いそうです。隣人との付き合い方では、「日常的に生活面で協力しあっている」と答えた人の比率が大きく下回っています。

一般的には、住民どうしの助け合いや連帯は地域にプラスの効果をもたらし、自殺率は低くなるだろうと思いがちですが、この町では他人と足並みをそろえることに重きを置かない（言い換えると、同一行動に執着しない）、人間関係も固定しておらず、ゆるやかな絆が維持され、あっさりとした付き合いを行っているそうです（濃密な人間関係ではない）。

このいくつかだけで自殺率が低くなるわけではありませんが、実に刺激的な結論ではないでしょうか。

自殺は生きていくことに絶望したということであり、生きづらさから逃れる最後の手段です。その生きづらさの要因の1つが濃密な人間関係にあるのです。

自殺だけではありません。実は他殺もそうです。殺人事件検挙件数のうち、親子、きょうだい、配偶者どうしなど「親族間」の殺人が50％を超えています。殺人事件の半数以上が家族どうしの殺し合いということなのです。

濃密な人間関係だからこそ、いったんその関係性が崩れると激しい憎悪を生んだり、排除をしようとして殺人に至ります。

自立した大人は適切な距離を保った関係

しかし、希薄すぎる人間関係もいけません。小さい時から、習い事と塾通いで埋めつくされた日々を送ってきた子の中には、コミュニケーション能力に欠け、人から認められ必要とされる体験もなく思春期を迎えるのですから、ここを無事に通り抜けるのは至難なことです。

濃すぎず薄すぎず、適切な距離を置いた人間関係を築けるようになるには、やはり思春期に、人間関係の失敗を経験しながら身に付けていくものだと思います。人から教えてもらえるようなマニュアルはありませんから、自らが失敗をしながら、例えば喧嘩になり謝罪して修復するなどという経験をしながら身に付けていくことになります。自立した大人というのは、適切な距離を保つことのできる人ということです。

したがって、思春期の人間関係のトラブルや悩みを吐き出したり、相談できる親や教師がいることはとても重要なことです。

先の岡檀氏の本にも、町の住民から聞いた『病』は市（いち）に出せ」という言葉に注目し、「自殺予防因子」の1つとして挙げています。この意味は病気だけでなく、家庭内のトラブルや生きていく上でのあらゆる問題を、市という公開の場に出すことによって周囲が対処法を教えてくれるのだそうです。

「市に出す」は悩みやトラブルを吐き出すことです。人は吐き出すことによって、それだけで解決したり、人に吐き出しながら自ら気づき、解決策が見つかることが多いものです。

思春期を乗り越えていくには他者がいなければいけませんが、それには適切な距離を保った他者がいて、うまくいかない時には大人の援助が必要です。

しかし、この適切な距離を保った他者を得ることは、なかなか難しいことです。様々なトラブルを経験しないと得られないことですから、トラブルが許容される環境、例えば子ども自身に任せたりする大人の姿勢なども必要です。体験するしかないものだからです。

⑤心のなかの勝負に１００％の勝ち負けはない

「心のなかの勝負は51対49のことが多い」

この言葉は臨床心理学者の故・河合隼雄氏の言葉です（『こころの処方箋』新潮社）。本章の最後にこの言葉を手がかりにして、ある場面における子どもの心のなかの状態を考えてみます。

ある場面の例を挙げてみます。

定期テストが近いのに、さっぱり机に向かって勉強しているようには思えない息子に、イライラした母親がついに怒りました。

「テストが近いのに何にもしてないわね。どうしてやらないの！」と怒る母親に息子は、「わかったよ。やるよ」と答えはしたものの、結局、その日も翌日もやりませんでした。ついに母親は「あんた、やるって言ったのにどうしたの」と怒鳴りつけ、怒りにまかせて「約束を守らない子には、夕ご飯はつくりません」と言ってしまい、母親も引くに引けなくなり困ってしまいました。

別の場面も挙げてみます。

担任の先生が教室の掃除を指導していました。掃除をきちんとやらずに廊下に出て、友人と話をしたりしているA君を見つけ叱りました。「A君、掃除をする気はあるのか、ないのか」と厳しい言い方をしました。A君は不満げな顔をしながら「わかりましたよ。やればいいんですね」と乱暴に箒で掃きました。それを見た担任はいっそう怒りに火がつき、長い長い説教が始まってしまいました。

このような場面は家庭の中では、帰宅時間を守らない、携帯の約束事を守らない、朝は時間になっても起きてこない、部屋を片付けない、教室の中では係の仕事をやらない、私語が多い、提出物を出さない、などと数え切れないくらいあります。しかも、何度叱っても通常は良くなりません。

私たち大人は子どもに「勉強するのか、しないのか」「掃除をちゃんとするのか、しないのか」などと、「いったい、どっちなんだ」と迫っているわけですが、その時の子どもの心のなかは、51対49だと言うのです。思春期の心のなかの特徴です。

子どもの心のなかは〝草野球〟のようなもの

親の剣幕に負けて「わかったよ。勉強するよ」と言っても、その気持ちは51であって、「でもな。したくないなあ」という気持ちも49あるのです。まさに僅差で約束しただけですから、いやいやなんです。ですから、なかなか守れないのが本当のところではないでしょうか。

掃除の場面も同じです。担任の厳しい言い方に、「何で毎日しなくちゃいけないんだ。汚れた日だけでいいじゃないか」と言いたかったのかもしれませんが、仕方なく「わかりましたよ。やればいいんですね」と言ってしまったのです。心のなかは51対49の僅差だったのです。

つまり「反省」にも「約束」にも、100%のものはなく、それどころか僅差で「反省」し、僅差で「約束」するのですから、反省も約束もすぐに反故にされる運命になることが多いのです。

2対0で勝ったとなると、接戦を制したなかなかの緊迫した試合で完勝したということになりますが、51対49で勝ったと聞くと、なんだか最後は運良くようやく勝ったなと感じてしまいます。まさに草野球です。

子どもの心のなかは2対0で決まるのではなく、51対49で決まるのだと思っておくと、親や教師の身構えも変わります。

身構えとは「息子やA君は反省のできないいいかげんな人間だから、はじめから期待しなければイライラしたり、怒ったりする必要がないから、冷静に対処できる」ということでしょうか。まったく違います。

逆の気持ちも49はある

C君に嫌がらせをしたB君を呼んで、担任が説諭しました。

「君に嫌がらせを受けたC君の気持ち、わかるか」と言う担任に、B君は「あんなの嫌がらせのうちに入りませんよ。ちょっと言っただけですよ」と言ったとしても、実際のB君の心のなかは51対49ですから、49はわかっているのです。

ですから、担任はとことん理詰めでB君を追い詰めたり、怒鳴って強引にわからせようとするより、「君はそう言うけれど、きっとC君の気持ちをわかってくれたと思うよ」と最後に付け加えたほうが多分効果があります。

その逆にB君が「C君の気持ちがわかったから、もうしません」と言っても、

49はわかっていないはずだと考えなければいけませんから、「よし、これで先生も安心したよ」と認めながら、翌日からはC君への嫌がらせがないかどうかを見守ることが必要です。

「どうせ、反省するような子ではない」と考えることが、どんな場合でも間違っているとは言えません。実際、私自身がそのような生徒に残念ながら遭遇してきましたし、その現実を知らなければ今日の少年非行の世界には立ち向かうことなど、とてもできません。

しかし、そのような子であっても、心のなかには49に近い反省を抱いているのも事実なのです。非行の世界にどんなに身も心も浸かりきっているように見える子でも、「いつかは立ち直らなければ」「いつまでもこんなことばかりしていられない」という心も持っているのです。

ただ、今は誰が何を言っても51の悪が僅差で勝ってしまうのです。このことを親や教師は知っていることによって、身構えが変わるのです。

例えば、私が若い時に出会った非行少年たちがいました。誰が何を言っても反省することはありませんでした。まともな会話も成立しませんでした。ただ、1

つだけ彼らが熱心に聞いてくる話がありました。それは歴代のワルが今はまともになって家族を持ち、まっとうに仕事をしている話です。たいがいの非行少年はある一定の年齢になると立ち直りますから、そんな話はたくさんあります。

歴代のワルの中には、今も立ち直れずにほとんど犯罪まがいの世界に身を置いている者ももちろんおります。そういうワルに憧れているのかと思っていたら、ワルの話にはさほどの興味を示さず、立ち直った元ワルの話にはとても興味を示したのです。

私はこのような非行少年たちと接する中で、本当はどこかでこの生活と縁を切りたいと思っていることを確信できました。

「逆の気持ちも49はある」ことを知ると、親も教師も身構えが変わります。最後にそのことを具体的に述べておきましょう。非行少年というよりも、少し崩れたどこの学校にもいるような子たちを想定してみてください。

49の部分に頼る作戦

親や教師が叱ったり怒ったりするのは、何が正しいか、何をしてはいけないのかを教えるには必要なことですが、ただいつもいつも怒っていては効き目はありません。怒るのに莫大なエネルギーを使い、親も教師も疲れてしまうでしょう。

例えば、先の掃除をやらないA君の場合なら、私はこうしました。私の知っているA君は、よくさぼる、教室の掃除が終わるころにどこからか戻ってくる、厳しく注意すると箒を持ってやっている振りをするだけです。「まじめになんかやれない」と強がっているのです。怒りに火がついた私は、「お前は明日から一週間罰掃除だ！ただし、毎日先生と2人でやる」。これが作戦だったのです。

一週間2人でやりましたから、すっかり掃除がうまくなり、A君は「仕方ないな。俺がやり方を教えてやるよ」と言いながら、ほとんどさぼらなくなりました。

また、何度叱っても私語が多く反省もしない子がいました。担任は私語が多いと勉強が遅れるという理由で、私語の多かった教科の勉強を残して教えました。ひどい低学力だったそうです。逃げた日は帰りに家庭訪問して教えたそうです。そうすると、本当は勉強がわかるようになりたいという悩みを言うようになりました。勉強の悩みを堂々と言えたことで、どこがわからないか、どうやって勉強すればいいのかを恥ずかしがることなく、人に聞けるようになったのです。

49の部分をさらけ出したので、まじめに掃除をやる自分を見られても、勉強のわからない自分であっても、強がる必要がなくなったのです。どんな子にも逆の49の部分があることを、親や教師は確信しなければいけません。

第3章

子どもはどうして問題を起こすのか

第3章　子どもはどうして問題をおこすのか

ここからは、これまで述べてきた事柄を事例を見ながら確かめてみましょう。

この章に出てくる子どもたちの問題は、思春期のどんな子でも突き当たる課題です。

普通に見える子どもたちが抱える思春期の課題は、なかなか表面化せずに気づきにくいものですが、ここに出てくる子どもたちは激しく格闘しているため、それだけにわかりやすいものです。

しかし、この格闘は全ての子どもたちがしていることなのです。静かに平穏に格闘するか、激しく格闘するかという違いだけです。激しく格闘する子どもたちの姿を通して、普通の子たちにも起きている格闘を読み取ってください。

※なお、本章に出てくる事実は改変修正してあり、特定の生徒個人のものではありません。

①どうして母親にはこんなに逆らうのか

中学2年生の秋田君の母親は、わが子にほとほと手を焼いています。

夜は遅くまでゲームやテレビに時間を費やし、寝たかと思うと布団の中でケータイをいじっています。その結果、朝は毎日ぎりぎりまで寝坊し、遅刻も増えてきました。

乱れた生活を注意すると、「うるさいことを言うから、直す気がなくなる」「みんなそうだ。うちだけがうるさい」などと反発し逆らいます。

そう思って任せておくと、もっと生活は乱れてきました。言い争うのは良くないと思い、時間をおいて話したり、感情的にならないように叱ったりしますが、何をやっても駄目です。もうどうしたら良いのかわかりません。母親として自信がなくなりました。

父親は忙しく現状は知っていますが、頼りになりません。

自立のために、まず母親に逆らう

母親は一番逆らいやすい最も身近な存在です。ですから、逆らいにくい母親であってはいけないのです。もっとも、その代わりになる人がいればいいのです。例えば、私の教え子の中には一緒にいる祖母が逆らいやすい母親役で、本当の母親は逆らいにくい父親のような母親でした。そして父親はほとんど影の薄い存在でしたが、その子は思春期をうまく乗り越えていきました。こういうふうに、うまく役割分担ができていればいいのです。しかし、現在のような核家族にあってはそうはいきません。

どうして逆らうことのできない母親であってはいけないのかというと、例えば陸上競技のハードル走の練習で、初めから高いハードルに向かっていく人はいないはずです。いきなり高いハードルに向かっていっても、ただぶつかり失敗するだけで、必要な足腰も鍛えられず、技術も身につかずやがてやる気も失せます。

そのことは学校の中でも同じです。男の先生よりも女の先生、厳しそうな先生よりも優しそうな先生を選んで反抗します。女の先生や若い先生は、抑えが効かないから子どもたちが「荒れる」とよく言われます。それでは、男で厳しければ荒れないのかというと、これも事実に反しています。強面の教師の前では取り繕った自分しか見せません。

子どもから見て、ハードルが低そうな女の先生や若い先生だからこそ生徒は逆らい、そのままの自分をさらけ出すことができるのです。本音を引き出す役割と壁になる役割の先生が共同してチームを組み、向かってくる子どもたちと格闘するのが学校です。

ここでは「厳しいか」「優しいか」ではなく、まず最初に必要なのは逆らいやすい母親が必要だということです。

次に父親に逆らう

母親に逆らい、足腰を鍛えてきた秋田君は、とうとう母親を乗り越えてしまったようです。すでに父親という高いハードルが必要だったのですが、忙しく役割を果たしていないようです。

母親の低いハードルは簡単に越えられるようになったのですから、次に父親の高いハードルに挑戦させなければ子どもは自立できません。つまり、自立のための反抗なのですから、高いハードルがないと、いつまでも自立できずにもがくことになります。秋田君はまさにその状態だと言えます。小さい時は母親の愛情に包まれるだけで生きていけます。

しかし、自立した大人になるには母親の愛情だけではなれません。厳しい父親の価値観である規範意識、自制心、忍耐力などを自らの内に同化していかなければ、社会生活はできません。

ここで父親が注意しなければいけないことがあります。教育や子育てを、子どもが心から納得させながら進めるものだ、と勘違いしてはいけません。子どもが思春期を通過する時には、その時には納得がいかず親に反発しても、後になって納得することが多いのです。

わが子と格闘し、援助する

さて、「逆らう」のには目的があったわけです。それは自立するためです。思春期に頭の中だけで考えて、もがき悩んで自立に到達するわけではありません。そういう思弁的世界で、自立を達成できる子どものほうが例外で、ほとんどの子どもは、そのもがきや悩みを行動化することによって自立しようとしますから荒れるのです。そのため、外から見た親や大人には「だらしのない子」「荒れた子」と映るのです。思春期が「疾風怒濤」の時期と言われる所以です。

その荒れた言動を、親が無視して相手にしないとどうなるでしょうか。「はじめに」の冒頭の女性のようになっていくのが通常です。教師が荒れた生徒を無視すると、その行動はさらに荒れるのと同じです。

「僕はこんなに荒れているのに、何か言ってくれよ。僕だって荒れたくないのに、何で荒れるのかわからないんだよ。だから、無視しないで何か言ってくれよ。そうすれば僕もそれに応えてきっと逆らうだろう。でも、そういうやりとりの中でしか僕はどうして荒れるのかがわからないんだよ」というのが心の内なのです。大人からしたらなんとも面倒な手続きですが、思春期の迷走とはそういうものです。

そのため親は大変な労力を費やしますが、わが子と格闘しなければなりません。格闘といっても腕力で押さえつけて言うことをきかすわけではなく、わが子の悩みや本音を吐かせることに過ぎません。そうすることによって、何を援助すればいいのかがわかるからです。この悩みや本音を吐かせることなしには、どんな立派な説教をしても、どんなに厳しく叱っても、子どもの心のなかに変化は起きないでしょう。

②どうして学級で問題を起こしてばかりいるのか

中学1年生の宮城君は学級で問題を起こしてばかりいて、母親は困っています。

つい先日も担任から連絡があり、家庭でも指導するように言われました。

授業の開始には席に着いていません。私語も多く、教科の先生からも担任に苦情がきているらしいです。つまらないことで喧嘩もよくあり、他人に乱暴なことを言ったりして担任に注意されますが、素直に従わないそうです。こういう傾向は小学校の5、6年生の時からあり、ますますひどくなってきたように思い、とても心配です。

そのことを家でも話すのですが、一週間程度しか続かず繰り返しています。共働きで私も忙しいですが、放任してきたわけではありません。三歳下の弟がおりますが、特別に仲が悪いということもありません。勉強は苦手で、サッカー部ですがあまり上手ではありません。父親の仕事は夜勤もあり不規則ですので、あまり子どもとは関われません。

「人より上になりたい」

宮城君のような生徒は、学校側からすると、いわゆる「問題児」ということになります。担任の先生にとっては、他の子と比べると大変な労力がかかるわけですから仕方がありません。

親は「あなたのしていることは、とても困ることで迷惑をかけている。でも、きっとあなたは他人を困らせるためにやっているのではないのに、そうなってしまうわけがあるに違いないから、これからはお母さんと一緒に考えていこう。担任の先生にも頼んでみますね」という立場がいいと思います。

なぜかと言いますと、この時期の活発な男の子にはよくあることなのです。自分の心のなかでは処理できないエネルギーを不健全な方法で発揮しているわけです。このエネルギーとは「人より上になりたい」「人より強くなりたい」という欲求です。

もし、このエネルギーが湧いてこなければ人は進歩しません。人より上でなく下でいい、強くなくてもいいと達観して生きていけるのは、上になりたいがなれなかった、強くなりたかったが駄目だった、という葛藤の時期を通過した人間だけが到達する考えなのです。それは、他人と比べる必要のない自分の道を見つけたときや、身の丈に合った自尊心を得たときです。

思春期の子どもに、まるで全ての欲を捨て、悟りを開いた仏様のような人を求めること自体が無理なことです。

つまり、「人より上になりたい」「人より強くなりたい」という欲求は全く健全な欲求であり、通常どんな子にも湧いてくるもので、このエネルギーを原動力として成長していきます。

簡単には「人より上に」「人より強く」はなれない

ところが、おそらく宮城君には勉強でもスポーツでも、「人より上に」「人より強く」なれないのだと思います。そのため間違った歪んだ形でエネルギーを発揮していのです。

学習内容が理解できず授業では活躍できません。そのため、人のやらない「遅刻」と「私語」にあえてエネルギーを向けることになります。授業が理解できないから、やることがなくついつい私語が始まるのではありません。「人より上になりたい」「人より強くなりたい」ために、ついついではなく、人のやらないことを意識してやっているところが違うのです。このことを親や教師が知らないと、遅刻や私語の多い「問題児」としか映りません。

その結果、遅刻や私語には厳しく対応するという方法と学力対策しか生まれません。もちろん、遅刻や私語に厳しく対応することは当然ですし、学力をつける取り組みも重要です。それでもおそらく大きな効果は期待できません。サッカー部でもすぐには活躍できそうにはありません。多分、宮城君の心のなかから湧き出てくる健全なエネルギーである「人より上になりたい」「人より強くなりたい」という欲求を満たすことはできないでしょう。

いま宮城君は、そういうどうにもならない真っ只中にいると思われます。

心のエネルギーをいい方向に

この真っ只中にいるときに、頼るべき大人がみな一様に「認められない言動」と見なすよりも、特に母親の場合は、そのエネルギーを理解してあげることに努めることです。

しかし、学校で起こした間違った行動を担任に叱られるのは当然で、こういう人がいないとエネルギーは間違った方向に暴走してしまいますから、よくよく担任とも共同します。

さて、それではどうすればいいのでしょうか。宮城君の全生活の中から否定的なことではなく、肯定的なことや積極的なこと、前向きなことを見つけるのです。どんな子も朝から晩まで否定的なことをやっているわけではありません。もっとも、激しく荒れている最中の子ならば肯定的なことを見つけること自体が難しいということはありますが、宮城君のような子はどの学級にも数人は必ずいるでしょう。

家庭の中でも見つけることができます。親が忙しいため見つけられないだけのことがほとんどです。全く手伝いはしないでしょうか。兄弟関係で兄らしいこともしないでしょうか。身の回りのことはでたらめでしょうか。家で何かをしたときの片付けはどうでしょうか。近所の人への挨拶は、きちんとしていないでしょうか。祖父母への思いやりはどうでしょうか。

子どもは、親から褒められたり認められたりすると、単にうれしくなるだけではなく「これはいいことなんだ。これからも続けよう」「僕にも人よりいいところがあったんだ」などという感覚が育ちます。この感覚がとても大切で、「人より上になりたい」「人より強くなりたい」という欲求を正しく満たす基盤になります。そうなると歪んだ方向に向ける必要がなくなります。

親子の関わりが薄いと子は育たない

「私は子どもの自主性を尊重して、あまり口は出しません」などという親が多くいます。しかし、これは間違っています。口を出さずに任せておくということは、関わらないということですから、本当にこの通りにしていては子どもは育ちません。親が子に関わらずに、子どもが自然とまともに育つということはないからです。

子どもは間違いなく親や大人との関わりの中で、「人より上になりたい」「人より強くなりたい」というエネルギーの発揮の仕方を学んでいきます。もちろん、それは子ども同士の世界でも起きますが、家庭生活や学校生活も重要です。

③どうして校則を守らないのか

中学1年生の福島君は校則を守らないため、学校から再三連絡がきます。

制服の上を私服で登校したり、髪の毛は薄い茶髪にしたりしてます。カバンも学校指定のものではなく、紙袋に入れて登校します。学校で指導されると直しますが、３日もすればまた違反をします。

そのつど担任の先生から連絡があり、私も息子には言うのですが、最近ではだんだんと言うことを聞かなくなってきました。生活も以前よりも不規則になり乱れてきたようです。交友関係も変化し帰宅も遅くなってきました。

心配はしているのですが、学校から何度も「今日は服が違反しているので、着替えに帰宅させます」とか、「髪の毛に茶色が混じっているので、直してから登校させてください」などと連絡がきますが、私もパートで仕事をしており困ることがあります。最近では、服が少し違うくらいや、髪の毛に茶色が混じっているだけで、大きな問題なのだろうかと疑問をもっています。

なぜ、学校は校則を守らせようとするのか

福島君のように校則を守らない生徒を中学校は見逃しません。なぜでしょうか。最も大きな理由は、服装や髪型などの校則を守れない子が、やがて他の規則も守らなくなり規律のない学校になると、授業が成り立たなくなり、まじめな子たちが安心して生活できなくなることを恐れるからです。学校という集団生活の場は、多くの規律や規則を守ることで成り立っているのです。

他にも理由はあります。乱れた服装で登校している生徒が多ければ、評判も下がるでしょう。つまり「世間の目」というのも学校としては気になります。仮に学校が気にしなくても、親や地域の大人は「あんな服装を許していいのか」などという不満を抱いていることはよくあることです。

「わけ」を知る努力

だからと言って、服装や髪型の乱れを直させても、その子の生活や言動がまともになるかは別のことです。子どもの発熱を例に考えてみてください。高熱を出したら、解熱剤を飲ませて熱を下げ終わりにする親はいません。「なぜ、熱が出たのだろうか」と考えるでしょう。二度も三度も続けば、病院に行き発熱の「原因」を探ろうとします。

服装や髪型の乱れもこの発熱のようなもので、体の奥底に発熱の原因があるように、服装や髪型の乱れは心の発熱だと思わなければいけません。つまり、福島君の心のなかに何かが起きているのですから、その「わけ」を探らない限り、一時的に服装や髪型を直させても、また繰り返すことになり、その間に心はさらに深く蝕まれることになります。

親は「わけ」を知る努力をすることです。もし、それをしなければ発熱を繰り返す子どもに、ただ解熱剤を与え続けるようなものです。

校則を守らない「わけ」

しかし、この「わけ」を知るのがまた難しいのです。いくら本人に「なぜ、そんな服を着たいのか」と聞いても、ほとんどが「着たいからだよ」「格好いいから」くらいにしか答えられません。本人にもわからないが、そうせざるを得ないというのが思春期の特徴そのものです。

ですから、時間をかけて「どうして格好いいと思うの。私は思わないなあ」「もっと格好いいものってあると思わない？」「格好いいものを着るより、格好いいことをすれば？」などという問いかけの中で、親は本当の「わけ」に近づき、子どもは本当に「格好いいもの」を見つけていくのです。

一般的には、この時期には自分というものを強く主張しようとします。自分を強く意識しないそれまでの小学生の時期とは違います。それは、自分を客観視できるようになったからなのです。客観視できるようになると、人にはすごいことが起きるのです。

「今のままの僕でいいのだろうか」「僕はどんな大人になればいいのか」などと考えられるようになります。こんなことは幼児期には考えも及びません。しかし、簡単に答えが得られるものではありません。

さらに、自分を客観視できるようになると、他人を強く意識せざるを得ません。そうすると、「他人とは違う自分」「他人より強い自分」を求めます。だから、「注目されたい」「目立ちたい」と思うのが普通で「存在を無視されたくない」のです。いじめでよくある「無視」は、ある意味では暴力よりも強烈な仕打ちになります。

すごくおおざっぱに言うと、食べて遊んで寝て「ただ生きていた」時期から、「どのように生きていくか」を考え悩む時期になったということです。

ですから、福島君にも来るべきものが来たのです。

ただし福島君は、親にとっても学校の先生にとっても、少し厄介な方法の道を選んでしまったのです。それは「校則違反」による自分主張だからです。もし、文化も風土も習慣も違う外国なら、福島君の服装も髪型も個性の一つとして認められるかもしれませんが、日本の中学校の大半ではただの「校則違反」になってしまうだけです。

福島君は、他のほとんどの子が守っている服装や髪型の規定に違反することによって、「オレは他のやつとは違うんだ」とか「オレは他のやつより上だ。強いんだ」などと意識しているはずです。もし、単にファッションとして一度してみたかったというならば、一過性で終わるからです。

福島君にはそれなりに深い深い「わけ」があったのですから、もはや単純に服装や髪型を直させただけでは解決できないのです。「光るもの」を見つけるという困難な格闘を避けて、明日にもすぐ実現できる「校則違反」を選んでしまったのです。

家庭の中に問題はないか振り返る

福島君に誰もが認めるような「目立つもの」があったなら、本当はそれが良かったのです。例えば、勉強、運動などで何か「光るもの」「自慢できるもの」や、あるいは「人に頼られる」「リーダーシップがある」などという人柄でもいいのです。すると、人はその「光るもの」を踏み台としてとりあえずは、次のステップにいくことができます。福島君のステップは「校則違反」の服装と髪型ですから、他の「光るもの」と比べても難しいステップです。

では、どんな子も通過するならば、どうして福島君は、他の子とは違う方法を選んでしまったのでしょうか。

ほとんどの場合は、まず家庭の中に問題があったのです。「まず」というのは、これだけが原因ではないし、ここでつまずいたからといって、立ち直ることはできるからです。

通常、まず家庭の中で、「光るもの」を見つけます。それは主として、親子関係の中で親によって「発見」され「認められる」ことが多いのです。「この子はこんなこともできるようになった」「最近は大人になってきた」「こんな手伝いをしてくれていつも助かる」などという生活の中で、親などの家族によって発見され評価されます。このことが「光るもの」として自分の中に築かれていきます。

その「光るもの」は学校に通うようになり、さらに教師や友だちによって豊かになっていきますが、まずは家庭の中で土台が築かれます。

そういう大切な時期に、家庭が崩壊していたとか、崩壊まではいかなくても夫婦喧嘩が多く、子どもとの関わりが正常ではなかったとなると、「光るもの」を見つけることはできません。「はじめに」で紹介した女性は、典型的な崩壊家庭ですが、福島君の家庭にもその要素の一部がなかったかを振り返ってください。

例えば、お母さんが忙しすぎて子どもとの関わりが少なすぎないでしょうか。関わりがないと「発見」の機会もなく、「認められる」こともありません。母親に「逆らう」機会もありません。

お父さんとお母さんは、子どもの前で喧嘩が多くないですか。喧嘩が多いと、子どもに注目する機会も余裕もなくなりますから、子どもは「見捨てられている」と感じます。

④どうして「うそ」を言ったり、素直になれないのか

中学3年生の川崎君は、学校でも家でも素直ではありません。

息子は特に大きな悪さをするわけではありませんが、素直に言うことをききません。反抗期という理由もあるのでしょうが、それならば、まだ反抗してくれたほうが何を考えているかがわかります。

半月ほど部活動をさぼって、友だちと公園や友だちの家で遊んだりしていたこ

とがありました。顧問から連絡がありはじめて知り、本人を問い詰めたところ「勉強をやっていた」などと「うそ」をつき、その後もよく部活動をさぼっています。「部活動が嫌なら止めてもいいのよ」と私が言うと、「止めたくない」と言います。

帰宅時間、部屋の片付け、勉強時間などの約束はするが、でもほとんど守れません。父親が言うと「はい」と言いますが、実際にはほとんど守らないのですから、母親の私は毎日がイライラしてとても大変です。

親子のぶつかり合いが大切

実際には、川崎君のような子は特別異常なわけではなく、ごくごく普通にいる子です。でも、親としては心配でもあり、毎日のようにイライラします。

反抗期は子が親に反抗するのですが、反抗することによって何か得ることがあるから意味があるのです。反抗そのものよりも、親に反抗すると親とぶつかりますが、そのことに意味があるのです。

このぶつかり合いがあるから、子どもは「親は、大人は、世間はそう考えているのか。僕の考えとは違うんだ」と学んでいくことになります。もし、そういうぶつかり合いがなかったら、子どもはいつまでも独りよがりで、身勝手な独善的な価値観で大人になっていくかも知れません。反抗期の本当の意義は、ぶつかり合いなのです。

川崎君にはそのぶつかり合いがありません。お母さんも言っているように、反抗してくれないので激しくぶつかることもないわけです。「うそ」をついたり、お父さんには「はい」と言って、ぶつかるのをいつも避けているように思えます。いっそのこと、「僕は部活動を止めて、もっと友だちと遊びたいんだ」「もっと帰宅時間を遅くしてよ」「なんでそんなに勉強時間が必要なんだよ」などと、ぶつかってきてくれたほうがいいのです。

親が、ものわかりが良すぎると子どもはぶつかる機会を失います。例えば、「一度決めた部活動なんだから、最後までやり通しなさい」と言ってはどうでしょうか。すると、川崎君はそうはいかない理由を言うかもしれません。

本当は、何か理由があって困っているはずなんですが、ものわかりの良いお母さんが、「嫌なら止めてもいいのよ」と言うので、困っている理由を聞いてもらう機会を失ってしまったのです。

「うそ」をついて部活動をさぼるが、でも部活動を止められない、約束はするが守らない、この川崎君の何かにつけ煮え切らない態度は、ぶつかり合うこともないから、本当のことを言う機会もなかったからだと思います。

さらに、父親が厳しすぎると、子どもは取り付く島もありません。結局、子どもはぶつかっても跳ね返されるだけですから、「はい」と言って避けることになりますので、ぶつかり合うことは起きません。

弱音を吐ける相手がいるか

ところで、家庭の中で父親も母親も同じレベルで子どもとぶつかっていたのでは、子どもはたまったものではありません。真の意味でぶつかり合うということは、とてもエネルギーのいることです。

子どもは親とぶつかりながら、「僕の考えは間違っていたのだろうか。でも……」と悶々と悩み迷うのです。そしてまたぶつかり悩み、考えあぐねることを繰り返します。だからとても疲れることなのです。もちろん親にとってもそうです。

この時に弱音を吐ける大人がいるかどうかです。弱音を吐ける大人がいれば、このぶつかり合いには簡単にはへこたれません。なぜなら、ぶつかり合いには精神的緊張を伴いますが、本音を吐ける相手がいると、この緊張感は癒されるからです。

この場合の本音はほとんどが「弱音」です。弱い自分、時にはだらしのない自分、情けない自分、頼りにならない自分、駄目な自分を見せてもとりあえずは「見捨てられない」と思えるような相手が、身近にいることがとても重要なのです。

本音や弱音を吐いたら、「見捨てられるのではないだろうか」という不安があると、決して子どもは本音も弱音も言いません。

通常、この「見捨てられない」と思えるような相手は、母親であることがほとんどです。父親の前では鎧をつけてぶつかり合い、母親の前ではありのままの自分になって逆らうのが、思春期の一般的な姿と言えます。

親の言いなりではない「新しい自分」をつくりたい

どうして思春期はこんなに面倒なのでしょうか。自分はそんな面倒なことをして大人になったような気がしないと思う人も多いでしょう。そんな面倒なことを通過して大人になるのは、ごく一部の特殊な環境の子どもだけで、大半の子はもっとスムーズに大人になったはずだ、と思った人もいるでしょう。

しかし、それは違うのです。思春期のこの面倒な手続きは、子どもであるが故に、全く自覚せずに、心の奥底から突き上げてくるものと格闘しながら大人になっていきます。いま自分は思春期と格闘しているという自覚もなければ、何に対して、もがき苦しんでいるのかもわからない暗闇の中にいるようなものです。

このような暗闇にもかかわらず、自分は何歳ころには、こうしてついに大人になったなどと自覚している人は誰もいないのです。大学生の頃には大人になったとか、選挙権を得た18歳には大人になったとか、20歳の成人式で大人になった、などと漠然と勝手に思っているだけなのです。

ですから、大人になってしまうと大半の人は、よほど劇的な思春期を送った人でない限り、思春期の格闘を明確に覚えている人はいません。ここに思春期を客観的に学ばなければいけない理由があり、少なくとも子をもつ親と、他人の子を育てる教師は思春期を学ばなければ、思い出しても理解することは不可能です。

さて、暗闇の思春期に子どもたちは何を求めて、もがき格闘しているのでしょうか。一言で言えば、「新しい自分」です。これまでの自分は、親によってつくられてきた自分です。親の言うことをよく聞いてつくってきた自分です。だから、親からすれば比較的いい子です。

ところが、このままでは大人にはなれません。親につくってもらった自分を卒業して、いずれは自分の考えで、自分の力で生きていかなければいけないからです。一生、親の言いなりで生きて、親の庇護の元で生きることはないのですから、これまでの自分とは違う、親から自立した「新しい自分」をつくるという課題に宿命的に挑戦しなければいけないからです。

つまり、どんな大人も自覚の程度に差はあれ、この暗闇の思春期を乗り越えてきたのです。

しかし、「新しい自分」を得るのはたやすいことではありません。人は様々な方法で「新しい自分」をつくります。ある人は社会的な体験を通して、ある人はスポーツや芸術活動、学問を通して、ある人は書物で他人の生き方を通して、などと実に多様です。

それでも「新しい自分」をつくるための最もよき伴走者は、特に思春期の初期の頃は親です。それは最も身近にいて、自分を見捨てるはずがない存在だからです。「新しい自分」の新しい価値観をつくるためは、自然とつくられるわけではなく、親の価値観とぶつかり合いながら新しい価値観をつくっていくしかないのです。

例えばみなさんが、「教育とは何だろう」と考える時に、自分の教育観とは別の教育観、特に自分とは正反対の教育観を検討し、学ぶものは学んで、より自分の教育観を深く確かなものにしませんか。自分の狭い体験からだけで得た教育観で満足するなら、もっと優れたものには到達しません。学問はみなそういうものでしょう。「新しい自分」をつくる作業も似ています。これまでの自分をつくってくれた親の価値観を批判し、別の新しい価値観をつくることにほかなりません。

そして暗闇から抜け出した時が、「自立」した時とも言えます。

⑤どうして「万引き」をしたのか

中学3年生の高橋君は万引きをしたため、母親に警察から連絡がありました。息子が万引きで警察に補導されました。とても考えられないことで、気が動転しました。もちろん初めてで、警察も万引きの様子から初めてだろうと言ってました。数人の友人と本屋に行き、息子だけが五百円前後のマンガ一冊を万引きしてしまいました。

お小遣いもありますから、買えない額ではありません。必要な物は何不自由なく買ってやってますから、そのマンガがどうしても欲しいが、お金がなくて万引きをしたということはありません。

また、善悪のけじめくらいある子ですし、躾も普通の家庭と同じくらいはきちんとやっていたつもりなのに、どうしてこんなことをしてしまったのか納得ができません。

父親も私と同じ心境のようです。

一過性で終わる「万引き」と、繰り返す「万引き」がある

このような高橋君のような例は、わが子とは無縁のことと思わずに、とりあえず最後までお読みください。そうすると、わが子にも起きることがあるかもしれないとわかります。

わが子が万引きをしたとなると、親は誰もが「犯罪者を育てたつもりはない」「どうしてこんな子になってしまったのか、恥ずかしい」と愕然としてしまいます。私自身もこういう場面を何度も見てきました。親に連絡がつかず、学校がいったん引き取り、夜になって親子が対面する場面でのやりとりです。

確かに万引きはれっきとした犯罪であり、窃盗罪という刑法235条の罪になり、10年以下の懲役または50万円以下の罰金に処せられます。もちろん、初犯か再犯か、万引きの手口などにより犯罪として立件されるかは別です。

親としては愕然とするし、うろたえても不思議はないでしょう。

よく言われるように、万引きは初犯の対応がとても重要で、初犯の対応に間違わなければ一過性で終わります。つまり、その初めての万引きが運良く店側に発見されて厳しく叱責されるか、警察に通報されて親も涙を流して謝罪できれば、

まず次は起きません。

ところが、この初期の対応を間違えると、万引きは繰り返されます。例えば、運悪くうまくいってしまったとか、店側も弁償してくれれば早く終わりにしたいとか、反省しているようだから、今回は許してやろうなどという「温情」があると繰り返されます。

なぜでしょうか。「厳しい」対応をしなかったからではありません。「厳しい」の中身がいけなかったのです。

万引きには深い「わけ」がある

「万引き」をするわけはいろいろで単純ではありません。初犯か何度も繰り返しているかによっても、わけは違いますから簡単にこうですとは言えません。

例えば、仲間の証として万引きをする子もいます。当然、その仲間とは「非行集団」ですから、万引きの誘いを拒否すれば仲間としては認められません。スリルを味わうためにという理由もよく言われますが、正確に言うと普通の人間にはできないことをして「強さを誇示する」ためにするのです。普通の子はそんなスリルは味わいたくないのですが、それでも万引きをするのは自分の強さを誇示することになるからです。

万引きをする65歳以上の高齢者が10代を上回りました。分別のある高齢者ですから、万引きが犯罪だとは知らなかったということはありません。万引きは規範意識が低いという理由だけで起きるのではありません。万引きGメンである伊東ゆうさんの「万引き老人」(双葉社、２０１６年)によると、貧困のために万引きをする場合もあるが、「孤独感や疎遠な家族関係といった心の寂しさ、肉体的な病気や心の病などの苦しみから物を盗む老人」が急増しているそうです。

研究者によると、社会的に孤立していると心理的なブレーキがかかりにくくなるそうです。罪を犯してまでも、社会的な関わりを失いたくないからです。

昔から「盗みは愛情の請求書」という言葉があります。子どもには親の愛情が不可欠であり、愛情の関係にはとても敏感です。これが満たされていないと万引きという問題行動で解消しようとするのです。

このように、万引きの背景には意外なわけがあるのです。

「下着盗み」

万引きとは違いますが、親を仰天させる問題行動に「下着盗み」というのがあります。万引きよりは発生頻度はかなり少ないのですが、私の教師生活の中では何度か経験しています。

近所の干した下着を盗む場合もあれば、校内の女生徒の体操着を盗む場合もあります。また、女生徒が身に付けていた物や使用していた物を盗むという例もあります。異性の服や物に執着しているのですから、たいていの親は、わが子は性的な変質者なのではないかと悩みます。

心理学者の故・河合隼雄は「こころの処方箋」（新潮社）で下着を盗んだ中学生が、「理解のある親をもつと、子はたまりません」と言った話を紹介し、子は成長してゆくときには、第一の壁として親があるのに、その親が「理解」があり過ぎるとぶつかり合うことができないことを指摘しています。成人の下着盗みと違い、中・高校生の犯す性的非行には親へのこのようなメッセージがあるようです。

「援助交際」というのがあります。これもお金が欲しいというよりも、本当の居場所が欲しくて援助交際をすることが多いらしいです。つまり、家庭の中には居場所がなく親の愛情が乏しいと、相手にしてもらえるから援助交際にはしります。

何とも回りくどく面倒くさい方法で訴えるものかと思ってしまいますが、言葉の話せない乳幼児が体に異常があると、発熱や泣くことによって知らせるのと同じで、思春期の子が発する便利な危険信号だと思えばいいのです。

もし、ここで何らかの理由でメッセージを発しなかったら、親からすれば育てやすいいい子に映りますが、発熱を放置された乳幼児が重大な疾患に罹るように、後になって世間を騒がすような重大な犯罪を起こした例は数多くあります。

親を試して「見捨てられていないか」を確認する

ですから、「僕にもっと愛情を注いでくれ」と言っているのです。しかし、単なる愛情はせいぜい小学生くらいまででしょう。中学生ともなれば、その中身は少し変わってきます。

乳幼児期の肌身を離さないような、無条件のべったりとした愛情よりも、「理解のある親をもつと、子はたまりません」と言った中学生にもなると、親とぶつかり合って思春期に必要な新しい価値観や生き方を求める手助けとしての愛情こそが必要なのです。

だから、親は大変なのです。愛情をかけなければいけないが、愛情をかけているからこそ、いろいろと正すと憎まれ口をたたいてくるのでぶつかることになります。かと言って軋轢を避けて通ると、今度は「見捨てられた」となるのですから、こんな厄介な話はありません。

人間の子どもの思春期は本当に厄介なのです。ペットの犬や猫ならば、人の乳幼児期のようなべったりとした愛情をかけ、そしていくつかの躾をすれば立派な大人の犬や猫になります。厄介な思春期などないのですから、本能だけでも基本的には大人になれます。しかし、人間の子はそうはいきません。そこには意図的な教育が必要になってくるのですから、教育する側にはそれなりの知識と時間が必要なのです。

親や大人の教育なしには、大人にはなれませんから、人の子には僕をちゃんと育てろという本能だけは最初から備わっているのです。それが「僕を見捨てないでくれ」という本能です。つまり、見捨てないで愛情をかけてくれという本能です。この本能があるから、人の子は思春期を迎えても乗り越えて大人になれるのです。

もし、「僕を見捨てないでくれ」という欲求が本能として備わっていなかったならば、人は思春期を1人で乗り越えなければいけなかったのではないでしょうか。そう言えば、犬や猫にも「問題行動」というのがあって、飼い主の愛情不足でストレスが溜まって起きるらしいですから、人の子のような高等動物では当たり前なのかもしれません。

親へのメッセージ

「万引き」や「下着盗み」は親へのメッセージと言いました。思春期の「問題行動」には親へのメッセージがあります。それをもう少し具体的に言うとこうなります。

○もう、親の言いなりに生きたくない。僕は僕だ。
○もっと僕のことを認めて欲しい。

○もっと僕のことを見てくれ。相手にしてくれ。

○お父さん、お母さん！喧嘩ばかりしてんなよ。こんな家じゃ僕の居場所がないよ。

⑥どうして子どもは集団になるのか

中学2年生の金沢さんは問題のある集団に属し、母親の説得を聞きません。

学校での娘の様子を心配しています。常に5、6人のグループになって行動しているようで、朝の登校から放課後まで、時には夕方遅くまで一緒です。

特に心配なのは、このグループの数人は髪や服装も校則を守らずにとても派手です。授業にも堂々と遅れてきたり、保健室でさぼることも多いらしいです。娘はそこまでひどくはありませんが、徐々に影響を受けて同じような行動をとることが多くなってきたそうです。最近は土日にも一緒に行動することが増えてきました。

家でも父親も含めて何回か話し合いましたが、「楽しい」「悪い子たちじゃない」「決めつけないで」などと反発し逆効果です。

このままグループに入っていれば、いずれは後悔するようなことになるのではと心配していますが、どうすればいいか困っています。

人は仲間や集団をつくり所属する

金沢さんはすでにグループとは深い関わりをもち、しかも自ら進んで属していると考えられます。そうなると、ご両親がどんなに心配して忠告したところで、今の時点で自らの意志でグループと距離を置くことは、とても無理だと思います。

では、本人に任せて親は為す術がないのかと言うと、そんなことはありません。

そのために、まず金沢さんは、どうしてグループに属したがるのかということの意味を考えることが大切です。

人はいくつになっても仲間やグループや集団をつくります。そうすると楽しいし、助け合って生きていくこともできます。でも、本当の理由は仲間をつくらないと生きていけない動物なのです。社会と関わるのが嫌いで、1人で生きていきたいと思っても、本当にそうしている人はいませんし不可能です。

あのロビンソンクルーソーでさえ、物語の中では愛犬と暮らし、孤独であったわけではありません。今日では孤独な老人を癒すペットの役割は、誰もが認めるでしょう。ヘミングウェイの「老人と海」でも孤独な老人を慕う少年との絆が描かれています。

「無縁社会」という言葉が流行し、「孤立死」が騒がれました。死ぬ時も誰かに看取られて死にたい、孤独で死にたくないという不安が生み出した言葉です。

いじめられても仲間から抜けない

「いじめ自殺事件」でよくあるのは、仲間集団の中の1人をいじめの標的にして自殺にまで追い込んでしまう例です。東京都中野区の中学2年生が自殺した「鹿川君事件」（1986年）、愛知県西尾市の中学2年生が自殺した「大河内君事件（1994年）」、そして記憶に新しい2011年の「大津市中学2年生自殺事件」など、いじめが社会問題となった事件は、いじめている子たちの仲間の1人が犠牲になった事件です。

大人からすれば、なぜ自分をいじめる集団と縁を切らないのかと思ってしまいますが、暴力的に抜けられないのではなく、そこにしか自分が属する仲間がいないので、むしろ精神的に抜けられないのです。だから、教師が「いじめられているのではないか」と聞いても否定し、「抜けたくないのか」と聞いても「抜けたくない」と答え、その結果、学校側は「いじめではない」と判断してしまうことになります。

このように人は孤独に弱い動物ですから、人と繋がって生きようとするのです。だから、いつでもどこでも繋がっていられるケータイを手離せない人が多いのです。

金沢さんはすでにそのグループに魅力を感じているのだと思います。そこに属していると楽しくて孤独を癒してくれるのです。「はじめに」で紹介した菜摘さんと同じです。

しかもそれだけではなく、もっと強い魅力があります。例えば、そのグループにいると「普通の子たちよりも強くなった気がする」「自分はこの集団に認められている」「みんなが自分を必要としてくれる」などです。

「非行集団」であっても問わない心理

これだけの魅力のある集団ですから、そう簡単には抜けられません。魅力を感じれば感じるほど、より強く集団に帰属しようとしますから、集団の掟を積極的に守ろうとします。

それが結果として校則違反になろうとも構いません。学校のルールよりも仲間との掟を守ることのほうが、今の金沢さんには重要なことだからです。したがって、徐々にそのグループの暗黙の掟をさらに守っていくはずですから、親や教師にはさらに荒れてきたと映るはずです。

このような状況で「あの子と遊ぶな」「グループから抜けろ」は禁句となります。ご両親の気持ちはわかるし、事実、このグループがまともな集団になれば別ですが、このグループに属している限り良くなることはほとんどありません。

それでもそのグループを否定するような言葉は禁句なのです。その言葉でいたずらに対立しても、いい結果は生まれません。ただし、グループのことを話題にしても構いませんが、決して認めたりしてはいけません。親としての考えははっきりと伝えておくのです。

例えば、「あなたには楽しいんだ。私はもっと別の楽しみがあると思うけどね」「あの子たちの服装は私は嫌だな」などと伝え、グループの存在自体を否定しなければいいのです。

あるいは、もし金沢さんが「あの子にはこういう良いところがあるのよ」と言ったら、「あっそうなんだ。その良いところを学級で生かせばいいのにね」と認めてやることです。

家庭は一番の居場所

禁句を避けながら、ご両親は次のことを理解し、いよいよ本格的に取り組まなければ、金沢さんは退廃的な集団に身も心もどっぷりと浸り、ついには抜けられなくなるでしょう。

金沢さんの家庭には、何か欠けているものがあったと考えるべきです。家庭は子どもにとっては最初の社会集団であり、最も基本となる集団です。ここから学校に通い、学校であった嫌なことも家庭で吐き出し、親に聞いてもらい心を整理します。そして何よりも親から愛情を注いでもらいます。大切な躾も受けます。

まだまだありますが、簡単に言えば、人が生きていくのに必要なこと（食べる、健康など）が保障され、よりよく生きていく社会規範や躾を身に付ける場です。それには親子の絆がなければ達成しません。

「役に立っている」「認められている」という存在の必然性

ところが、よく使う居場所の意味はこれだけではありません。幼児期から小学生くらいまでなら、居場所としての家庭はこれで充分かもしれません。

思春期になると、この居場所で「私は家族のために役立っている」「私は家族から認められている」などと、家庭という居場所に必然性が感じられないといけません。いずれも大人になるには必要な感覚です。

そうなると、ただ家庭に属して居場所があっても満足できません。食べて寝て躾をうけて育てられるだけの家庭では、まだ足りないのです。

つまり、「人の役にたちたい」「認められたい」などの欲求が満たされる家庭がもう一つの居場所で、思春期には欠かすことができません。

もちろん、子どもは親からだけ学んで育つものではありませんが、思春期までの親の力は大きいのです。例えば、世の中で一番最初に褒められたり、認められたりするのは通常は親です。そして、親（特に母親）にこそ一番褒められたり認められたりしたいのです。

こうして自分が存在する意味を見つけるのが思春期です。ただ家庭が属しているだけの居場所では、とても思春期を乗り越えることはできません。

金沢さんのご両親は、この意味での居場所としてはどうだったか、検討してみてください。きっとそこに問題があったのではないでしょうか。

充分な衣食住と健康な体と躾だけでは、思春期は乗り越えられません。

日常生活には子どもを褒めたり認めたりする場面は数多くあります。

例えば私なら、テレビドラマを一緒に見た時にこう言います。「あの場面でこう思ったんだけど、どう？」。「へぇ、そう思ったんだ。大したものだね」。ニュースを見て世の中のことを話題にするのもいいです。すると「そうなんだ。感心したよ」と褒めたくなるような〝解説〟をしてくれるかもしれません。

家事の分担をすれば「あなたのお陰でお母さんは助かるよ」と言えます。子どもは間違いなく「私は役に立っている」「必要とされている」という実感をもちます。もちろん、このような機会が家庭だけでなく、学校や地域にもあれば子どもはより確実に思春期を乗り越えられます。

残念ながら、金沢さんには真の意味での居場所がなかったために、今のグループにそれを求めたのです。今からでも遅くありません。ただし、時間のかかる根気のいる取り組みです。

⑦どうして人間関係のトラブルが多いのか

中学1年生の石川さんは人間関係のトラブルが多く、母親は心配してます。

娘は小学校高学年になってから、クラスの友人とトラブルが多くなりました。中学生くらいになればなくなるかと思っていたら、最近はもっとひどくなってきました。特に心配なのは、娘が数人のグループになって、A子さん1人を仲間はずれにしたり、口で激しくののしって喧嘩をしたりすることもあったそうです。最近、担任から連絡がありました。

さっそく、家でも話し合ったのですが、詳しいことを話したがりません。「相手のほうが悪い」の一点張りで、いったい学校でどんなことをしているのか心配です。学校も双方が詳しくは話してくれず困っているそうです。

それ以外は大きな問題はないらしく、きちんと授業にも取り組み、部活動も休まずやっているようです。家でもとりたてて問題があるわけではないので、このまま本人に任せておいて良いものか困っています。

1対1のトラブルと、グループ対1人のトラブルは区別する

私の経験では1対1のトラブル、例えばもめ事や口論は、仮に回数が少々多くてもそんなに心配することはありません。特に、そのトラブルなどが学校によって把握されていたり、家庭で子どもの口から何かの機会に「こんなことがあったよ」などと親に伝わるならば、なおさら心配はいりません。

ただ、このような場合は昔から学校にも親にも知られることなく、ひそかにうまく解決されたり水に流されて、いつのまにか関係は回復していくものです。子どもの世界にはつきものなのです。健全な人間関係のつくり方は、不健全なトラブルを経験しない限り、身に付かないことが多いからです。

しかし、そんなのんきなことを言っていられないのが最近の子どもたちの世界です。多数の者が1人の子とトラブルを繰り返したり、1対1を装いながらグループの誰かが常に特定の子とトラブルを繰り返す、という例もありますから、よくよく親も教師も事実を正確に知る必要があります。

石川さんの場合は、明らかにグループになって1人の生徒とトラブルを起こしているのですから、最初から力関係は優位に立っています。こういう場合はどんな理不尽な理屈でも通ってしまいますから、継続しているならばよくよく事実を知る必要があります。もはやトラブルという段階ではなく、集団でのいじめかもしれません。

人は他人を意識するから、自分の存在を意識する

思春期にはトラブルはつきものです。大人ならばトラブルが嫌だと思えば、その相手と関わらずにいけばいいのです。最悪の場合はそこから逃げ出すこともできます。ところが、子どもの世界はそうはいきません。学級からは最低1年間は逃げ出すことはできません。

そして人間の子どもは、他人を意識することによって自分の存在を強く意識する動物です。人は頭の中だけで考えることのみでは成長できません。つまり思弁の世界だけで成長し、自立した大人になっていくのではなく、他人との現実的関わりを通して自分を成長させていくものです。

その他人の存在を強く意識するようになるのが、この思春期です。だから、他人の存在に無関心な時期には、人間関係のトラブルなどはほとんど起きません。わが身に直接的不利益や攻撃がなければ喧嘩も起きません。

ところが思春期になり、他人の存在自体を意識するようになってくると、わが身に何の不利益や攻撃が加えられなくても、「あの子の態度が気に入らない」「あの子のしゃべり方が嫌だ」などという理由がトラブルの理由にもなったりします。

人間関係のトラブルというのは一種の軋轢であり、ぎくしゃくしたかみ合わない状態ですから、たいていの場合は、その原因や理由も経過もお互いに明確に自覚していません。石川さんも、その相手も自覚していないから話せないのです。

ですから、原因や理由を明らかにしてきちんと解決するのではなく、時間が解決したり、クラス替えなどにより離れることで解決してしまうことも多いのです。

集団を守るために「排除」「攻撃」する

ところが、石川さんの場合はそんなことを待っていられません。「いじめ」に発展してしまっているかもしれないからです。いじめ事件で学校の対応の甘さがよく指摘されますが、意図的に手抜きをしていたわけではなく、集団化していることの難しさがあります。

石川さんの場合、もはや放置できないのは「集団」(グループ)になっていることです。集団になっているということは、その集団を守るためにA子さんを「排除」していることが多いからです。

過去にA子さんが石川さんのグループの1人と仲良くなったのかもしれません。こんなことが石川さんにとっては大問題になってしまいます。仲良しの1人がA子さんに奪われないようにA子さんを排除するのです。「私は彼女たちとつながっているのに、そこに勝手に入ってきて、このつながりを壊そうとした」となるのですが、私はこのような例をいくつも毎年のように経験してきました。

最悪の場合は自らのグループを守るために、何の関係もない生徒を攻撃することによって、自分たちの集団を守るための共通の「敵」にすることさえあります。

例えば、理由は何でもいいからA子さんを共通の「敵」にして攻撃すると、攻撃が精神的支柱となって石川さんのグループは、さらに深くつながることができるのです。A子さんからすれば、こんな迷惑な話はありません。

これは、残念ながら大人の社会では普通にあることなのです。職場の誰かを共通の「敵」（例えば、嫌がらせや悪口の対象）にすることによって「絆」を深くするという心理です。余談ですが、戦う相手がはっきりすると人は団結して奮い立つのは、どうも戦国時代から変わらないようです。

さて、このように考えてくると、石川さんの問題は思春期の問題と深く関わっていることがわかります。単なる性格の問題や心の問題や家庭の躾の問題ではないということです。性格や心や躾に原因を求めるならば、道徳的な説教かカウンセリングか躾のやり直しということにでもなるのでしょうが、おそらく大きな効果は期待できないでしょう。

しかし思春期の問題は、「自立」を求める途上で起きた一過性の誤りに過ぎませんから、特別異常なわけではありません。

「自立」するとはどういうことか

ここで「自立」って何なのかということを具体的にしておきましょう。子どもは一生、親の庇護の元で暮らすことはありません。親のほうが先に死にますからそもそも不可能です。通常、今の日本では20歳過ぎには親から「独立」しますが、独立しても自立しているかは別のことです。独立しても自立していなければ、生活が破綻する人もいますし、人間関係がつくれず会社を辞める人もいれば、自らの考えも信念ももてず、充実感のない人生を送るかもしれません。

学力だけをつけても価値がありません。どんなに高収入を得ても、人は他人のために役立っている、人から信頼されている、必要とされているなどの感覚がないと、長い人生を地道に生きていくことはできない動物です。

自立した大人とは、自分の価値観をもち、困難に出遭ってもその価値観で物事を自らが判断し決定して生きていくものです。

価値観とはどんなことを正しいと考えるか、どんなことを美しいと思うか、どんなことを嫌だと思うか、などの考え方・見方ですから、これをもってないと常に他人の評価や判断が気になるし、自分で決められないことになります。

これではとても1人の人間として生きてはいけません。ですから、自立は子育ての必須の目標なのです。自立とは、自分でつくった親とは別の「物差し」をもつことだと思えばいいのです。同時にこれからはこの「物差し」で、物事を判断し決定して生きていこう、と思えるような自信を得ることができます。

石川さんはいま、その真っ只中にいます。だから、やたらと他人が気になり、仲間をつくってつながりたいのです。「物差し」は1人ではつくれませんから。

親に安心して話せる

自分用の「物差し」は他人と比べて、他人とのやりとりの中で、時には嫉妬や喧嘩を伴いながらつくります。最初は他人よりも、一番大好きな親とのやりとりで始まることがほとんどです。激しいやりとりを伴うので、反抗期と言われてますが、目的は反抗そのものではありません。

石川さんのご両親は、決してでたらめな子育てをしてきたわけではありません。むしろ、正しい価値観を一生懸命教えようと躾けたり、面倒をみてきたようです。ただ、それはやはり親の物差しの押しつけに過ぎません。

そこに疑問を抱き、自分用の物差しをつくろうとしているのですから、本人の言い分や言い訳をまずよく聞いてやることです。その言い分や言い訳がやがて物差しの土台になります。

何を話しても、どんなに本音を吐いても、見捨てられることはないという安心感がないと、子どもは話しません。

⑧どうして対教師暴力や校内徘徊などの大きな問題を起こすのか

中学3年生の長野君は教師に暴力を振るったり、授業をさぼり校内を徘徊します。

息子は中学校に入学してまもなく、校則は守らないし遅刻も多くなり、やがて授業中にも迷惑をかけるようになりました。2年生になってからは、深夜まで遊んで帰ってくるようになり、生活は大きく乱れてます。

息子を含めて6人ほどが集団になり、今では授業には出ないで、何人かの仲間と校内を徘徊し、授業を妨害し、注意をした先生に暴力を振るったりしています。

このままでは警察沙汰にもなりかねません。親として反省すべき点はたくさんありますが、学校の対応にも納得のいかない時もあります。

学校からも再三にわたり両親揃って呼ばれ、相談もしてきましたが、息子は私たちの話はほとんど受け入れません。こんな息子でもまともになる時期はいつかくるのでしょうか。親としてせめて、いまどんなことをすればいいのでしょうか。

人にはいろいろな顔がある

長野君の荒れはかなりのレベルで、ここまで荒れているとよほどの何か劇的なことがないと、卒業までに立ち直った例を私は知りません。3つの理由があります。

まず1つ目の理由は、いまさら立ち直ってまじめな姿を見せることができないのです。人にはいくつかの顔があるもので、学校の授業中の顔、休み時間の友だちといる時の顔、先生用の顔、部活動中の顔、塾に行った時の顔、家庭用の顔などと、まだまだあります。

この顔は微妙に違っていて大人も同じです。いくつもの顔があるから、人はストレスの発散にもなり息抜きができるのです。「内弁慶」「外面はいい」「二重人格」などと揶揄されても、その顔で通用しているのですから、簡単に顔は変えられません。この仮面を替えて新しい仮面に付け直すのには、相当な決断とエネルギーを必要とします。おそらく、その仮面とのしがらみがなくならないと難しいでしょう。学校が変わった、住んでる土地も変わった、家族に劇的な何かがあったなどと。

２つ目の理由は、長野君の属している集団にあります。すでにこの集団にはこの集団の「しがらみ」「絆」があり、集団の暗黙の「掟」があって成り立っているのですから、それを断ち切って自分だけが抜けることはとても難しいのです。もちろん、長野君はこの集団に魅力を感じているはずですからなおさらです。

子育ての赤字を埋めるには3倍かかる

３つ目の理由は、幼児期から長期間の子育ての赤字の結果、こうなってしまったのですから、一朝一夕に人は変われません。

親によっては、あの中学校に入ってからとか、あの先生のあの時の指導によって、あの子と友だちになってから、などといかにも特定の理由によってわが子が崩れてしまったかのように言う場合があります。まずそういうことは、ごくごく希なケースだと思ったほうがいいです。

子どもは成長の一時期には、子どもにとって良くない環境や出来事と遭遇することはよくあることです。多くの子どもは、そこから学んで成長するのですが、長野君にはそれができなかったのです。その原因は、むしろ本人よりも家庭の中、特に親に原因があったのです。つまり、子育ての赤字の結果です。

これだけの理由があれば、どんなに厳しい説教も反省文も無に等しいでしょう。まして学校の先生たちの指導もほとんど効果はないはずです。

「壁」がないと、どこまでも荒れる

何か絶望的な話ですが、在学中に立ち直るとか、数年以内に立ち直るのは経験上、とても難しいと言えます。

長野君に限らず、思春期の家庭や学校には「壁」がないといけません。子どもは善悪の判断力や分別ができてから、外の世界と関わっていくわけではありません。未熟のまま世間と関わるのですから、親や教師がこれは認められないと思うことでも破ろうとします。その挑戦の繰り返しから様々なことを学び、成長していくのです。熟慮に熟慮を重ねて、石橋をたたいて渡るような子は逆に成長は難しいかもしれません。

普通の家庭なら、たいていはその「壁」は父親や母親の威厳です。怒ると怖い親の存在があるから、「壁」になるのです。これがあるから、判断力も分別も未熟な子は不満であっても、「仕方ない。そこまで親が怒るなら」と諦め、危険な壁の向こうには踏み込まないことになります。後になって、たいがいは「あの時はよくわからず叱られて諦めたが、あれで良かったんだ」と述懐します。

例えば、帰宅時間を守らなかった、家庭で分担した仕事をしなかった、宿題をしなかった、などという些細な出来事も守らないことが続いたら、最初は理由も聞き教え諭すでしょうが、繰り返されたら「壁」をつくらないと、子どもはどこまでも次々と約束事を破棄するでしょう。家庭でも学校でも同じです。

残念ながら、おそらく幼少期から長野君の家庭にはそういう「壁」というものをつくってこなかったのです。両親に何らかの理由があって、子どもを放置していたとか、何事も子どもに任せてしまったとか、いずれにせよ子どもに関わる時間が少なかったと考えられます。

実際、私が接してきた「荒れた生徒」は100%、家庭には「壁」がなく、つくることもできなかったのが現実でした。両親が子育てによく関わり、壁もあるのにすべて越えて、荒れた生徒になった例を私は知りません。壁があると、ある一時期に問題を起こしても立ち直りはとても早いのです。

「見捨てていない」というサインを常に送る

では、長野君のような場合はもはやどうすればいいのでしょうか。いまさら、「壁」などというようなものはつくれそうにはありません。

ここまで激しく荒れている時には、「壁」づくりよりも「見捨てていない」というサインを送り続けることです。具体的にはどういうことでしょうか。

学校で繰り返し問題を起こしますから、頻繁に連絡がきます。そのつど誠実に対応します。被害者のいる場合にはわが子を説得して、直接謝罪に行きます。授業中に徘徊して迷惑をかけるなら、例えば週1回や2回は直接様子を見に行きます。そうやって行動を起こしてください。その結果、子どもがもっと行動をエスカレートしたという例はありません。

子どもは親を試しているのです。「もう、俺なんか見捨てただろう」と。ところが、この親の行動は「まだ、見捨てていないんだ」と受け取るのです。だからと言って、すぐに立ち直るわけではないし、親に「迷惑をかけてしまった」という言葉をかけることもありません。試されているのですから、決して諦めてはいけません。

その上で「きっといつか、あんたは立ち直る。それまでは何度でも謝罪に行くし、学校にも行く」と言えばいいのです。私の接した多くの非行少年たちもそうやって立ち直っていきました。この「見捨てられなかった」「きっといつかは立ち直る」という親の愛着と信頼は、それだけ立ち直りを早くさせるのです。

正確なデータはありませんが、非行少年が大人になって犯罪者になってしまう例は、多くの非行少年を知っている経験上でもごくわずかです。

「自分にも価値がある」ことを体験させる

荒れた子どもや非行少年が立ち直る時には、共通していることがあります。第1章の③で詳しく述べましたが、「自分にも価値がある」ことを体験した時です。例えば、他人に役立ったことを体験した時や、他人から感謝されて自分の存在価値に改めて気づかされたときなどです。

逆に言うと、それまでは自分の価値は世間では認められたことがなかったわけです。世間から逸脱した集団の中でしか、自分の存在は認められなかったのです。

私の教え子にありとあらゆる悪さをやった少年がいました。その1人は卒業後も暴走族と関わり、恐喝を繰り返していました。当然、周囲の目も厳しくなり、警察からもマークされるようになり、そう簡単には楽して金品を得られなくなったそうです。生まれて初めて土建業の会社でアルバイトをしてまっとうに稼ぎましたが、一週間働くともらった5、6万円がなくなるまで、また暴走族に戻ることを繰り返していたそうです。半年も過ぎた頃に、親方から「お前がいないと困る。正式にうちで働かないか」と言われたのです。

この時、その少年は「俺でも人の役に立てるんだ」と実感しました。やがて暴走族を抜けて、まっとうな生活をすることになりました。このような話はめずらしくありません。

反対に人が犯罪を犯すきっかけは、自分は社会から必要とされていないと実感したときです。

世間を騒がせた若者の犯罪には、自分はこんなに努力してきたのに、社会が認めてくれない、世間は自分を見捨てたと思い込み、無差別殺傷事件などを犯した事件が多いのも、自分の存在価値をついに見つけることができず、世間を恨み、死刑になりたいために犯してしまうのです。例えば２００８年の「秋葉原無差別殺傷事件」の加藤智大もその１人です。世間を騒がせた大事件を起こしたわけではなく、どこにでもいる非行少年と言われる少年たちもそうです。神奈川県内の25歳のある男性は、いまボランティアで少年たちの更生保護の活動に参加しているが、「家庭の不和などでストレスがたまっていた10代。仲間に認められるには、苦手な勉強より暴力が手っ取り早かった」と当時を回想しています（「読売新聞」２０１６年5月24日付）。

長野君のこれからの道は平坦ではありませんが、どこかで「自分を必要とする人」と出会うことを願わざるを得ません。親が見捨てると、さらに孤立感を深めて世間から逸脱した集団に、もっと強く帰属します。これではますます「必要とされる」「認められる」体験はなくなります。

長野君の家庭には幼少期から何らかの理由があって、それはおそらく両親の不和とか忙しさで、本人に関わる時間がなかったのだと思います。今からでも遅くはありません。子どもと一緒にテレビを見る、一緒に食事をする、たわいない話をする、同じ空間で生活することによって摩擦や対立も生まれますが、こういういっけん無駄な関わりこそが子育ての土台にあります。

補章

親と教師が共同するためのコツ

補章　親と教師が共同するためのコツ

第1章と第2章で述べたことは、親と教師に知って欲しい思春期のことでした。今日の子育てと教育は、親と教師が共同せずには、子どもたちを健全に育てるのは難しい時代です。それは、子どもたちが求めている絶対的な安心感・信頼感は、家庭でしか与えられないことだからです。更に付け加えると、教師が親に代わり絶対的な愛情を与えようとすれば、特定の子どもだけを特別に扱うことになります。そうすると当然、他の子どもたちは不公平だと感じますから教室に不満が広がり、教師の指導は通りにくくなります。やがて、学級崩壊や荒れた学校へと発展していくことさえあります。

ここでは補章として、お互いに共同するためのコツを書いておきます。共同できなければ、1章も2章も無意味なものになってしまいます。

私は教師でもあり親でもありましたから、こうすると親としては先生たちと共同したくなります、こうすると先生たちとしては親と共同したくなります、という率直な話をいくつか書きましょう。

①「モンスター」も「失格教師」も滅多にはいない

親と教師の信頼関係を壊すもの

世の中は全て信頼関係で成り立っています。私が近くのスーパーから買ってきた肉を食べるのも、このスーパーの商品は昔から利用して信用できる、この肉を加工した会社は信用できる、この商品はテレビでも宣伝しているから、いい加減なものではないはずだ、などと何らかの根拠があって信用しているからです。

教育の世界はなおさらそうです。明日あさってすぐに、効果が表れたりするものではなく、場合によっては何年も後に結果がわかることの多い世界ですから、深い信頼関係がないと相手の言うことを受け入れることはできず、何かで意見が対立した場合には解決をより困難にします。

教育現場で、このような不信感をつくってしまうのが、教師側が親に対して使ういわゆる「モンスターペアレント」（「クレーマー」「困った親」）であり、親が教師に対して使う「失格教師」（「ダメ教師」「不適格教員」「指導力不足教員」）という言葉です。

モンスターも失格教師も滅多にいない

一時期、マスコミは「モンスター」や「失格教師」を話題にした討論番組を盛んに放映しました。事実だとすれば「とんでもない親や教師がいるものだ」と誰もが思うでしょう。似た番組が続くと、やがてそういう親や教師がたくさんいるのだと思ってしまうでしょう。

ところが、実際にはモンスターも失格教師も滅多にいないのです。それを確かめる調査も統計もありませんから、私の体験でしか答えられませんが、どう考えても滅多にいないはずなのです。私は37年間、横浜市内の公立の小学校と中学校に勤務し、生徒指導部長と学年主任も長く務めていましたので、どの学年のことにも関わったり、少なくとも知る立場にありました。

いったい、どれほどのモンスターがいたかと言うと、37年間でほんの数人でした。どんなに事実を説明しても、「そんなはずはない。子どもはこう言っている」と主張し学校を攻撃してくる親、土下座して謝罪を要求する親など、何人か思いあたりますが、興奮して電話をしてきてもきちんと話せばわかる親、学校に非があっても、それを認めれば納得する親などが大半です。

では、失格教師はどうでしょうか。これについても世間で思われているほど数は多くありません。ほとんど大半の教師はまじめです。私の体験上、30人くらいの教員数の学校で1〜2人くらいです。私の失格教師という基準は、仕事をしてもらう分野がない、子どもを直接指導する場面では（例えば、授業、問題行動の対応など）、指導ができないか、指導してもさらに新しい問題を生んでしまうというのが基準です。逆に言うと、たいがいの教師は何かが不得手でも何かは得意ですから、そこで活躍できればいいのです。

このような私の体験上の数字が、一般会社の「お客様相談窓口」にかかってくるクレームの数や種類と比してどうでしょうか。おそらく変わらないか少ないはずです。また、民間会社の社員と比べてどうでしょうか。今どきの社員にもいるのではないでしょうか。学校の教師には特に多いと言えるでしょうか。

しかも、学校にも会社にもクレームが増えてきたこと自体は、何も否定的なことではありません。ほんの数十年前まで不良商品があっても、運が悪かった、買ってしまったのだから仕方ない、と諦めるのが当たり前でした。直接、製造会社にクレームを付けるなどという発想自体がなかったのです。

同様に、教育は学校に任せておくものだという考えから、教育権は国民にあるという考え方が定着してくれば、親がもの申すのは当然のことです。クレームそのものが増えたのはある意味では歴史の進歩です。

モンスターや失格教師とは

そもそも、子どもの言うことを信じ、興奮して電話してくるのは、電話のかけ方やしゃべり方に問題はありますが、ことが重大な内容であれば当たり前のことではありませんか。クレームを付けること自体は、いわゆるモンスターではありません。非常識な要求をしてくる、事実に基づき対応しても認めない、過度の謝罪を要求してくる、こういうのをモンスターと言うのです。そうすると滅多にいないのです。

すべてに万能であればいいのですが、1つ2つの欠点があっても、学校は協力体制でチームとして動けばいいのですから支障はありません。実際、私自身は事務仕事と委員会活動がとても不得手で、いつも他の先生にやってもらい、その代わり、得意な生徒指導と掃除や修理仕事をやっていました。

レッテル貼りや噂は害悪となる

小学校なら担任が決まると、「あの先生は駄目よ」と噂が流れます。中学校では「社会は○○先生だから困るよ」などと。一方、教師間には「今度のクラスの○○君の親はモンスターよ」などとレッテル貼りがされて伝えられます。

もちろん事実であることもありますが、このレッテル貼りや噂によって失われる信頼関係は測り知れません。

「あの先生は駄目よ」と言われていた先生が、一年間が終わって子どもたちに「先生のクラスで良かった」などという例はたくさんありました。たった一度のミスか、何かのトラブルによって周辺の親に噂が流れ、いつのまにか一人歩きしてしまったような場合が多いのです。長い一年間の中で教師にも一度や二度のミスがあっても不思議はありません。

小学校から「あの親はモンスターよ」などと言われていた親が、そうではなかったことや、前担任から「この親はクレーマーです」と聞かされたが、そうではなかったことは多数ありました。たまたま親とのトラブルによって担任がレッテルを貼ってしまったのです。

このような場合はほとんどが一度か二度のミスであったり、また些細な過ちによって、お互いに信頼関係を失うのですからとても残念なことです。そしてそれが噂としてもっともらしく定着し、初めから信頼関係のない状態で教育が始まるのだとすると、これほどおろかなことはありません。

「モンスターだ」「失格教師だ」と言う前に、まず双方がそのような先入観念を捨てて、真摯に対応してください。教師というのはみんなまじめです。どの親もわが子の幸せを願っています。お互いが一致できないはずはありません。

真摯な対応とは、初めから挑戦的な姿勢はやめて礼をつくした対応をする、客観的な事実に基づき、事実ではない推測や伝聞で決めつけない、お互いにまずは話を聞き、共感できる気持ちは共感する、認めるところは認める、ということです。親と教師が共同するたるのコツは、まず先入観をなくすことです。

くなります。

②子どもの後ろには親の願いがある

教師は子どもを憎むことがある

どんな子でも大好きになりたいものです。子どもは担任から好かれていないと感じると、素直にはなれませんから、担任と信頼関係がもてずに指導にも従えなくなります。

ところが、学校の先生も人間ですから、好きになれない子がいても不思議はありません。教室の規律を乱し、他人に迷惑をかけてしまう子がいます。

一度や二度で嫌いになる教師はいませんが、何度言っても繰り返され、良くなる見通しがないと、「あー、この子がいるだけでみんな迷惑するし、自分も疲れてしまう。この子がいなければ、どんなに平和な教室になっているだろうか」と思い、嫌いになってしまうのです。それでも教師というのは諦めません。

しかし、小学校高学年あたりからは、単に指導がうまくいかないのではなく、指導すると教師に攻撃的態度で向かってくる子がいます。そうなると単に嫌いな子というよりも、憎むようになることさえあるのです。

憎まれてしまったのでは、子どもは指導にはもう従いません。

以上は若い頃の私自身の体験でもあります。特に、１９８０年代の校内暴力期の中学校は、それは筆舌に尽くしがたいものがありました。「教室に入りなさい」「たばこは止めなさい」などと、当然のことを注意しても胸ぐらをつかんできたり、殴りかかってくるのですから、憎い存在になるのは当然です。

親にとってはかけがえのない存在

ある時、思いあまって夜に家庭訪問しました。もちろん、それまでにも電話や家庭訪問は何度もしてましたが、今回は何か問題を起こしたからではなく、担任としてもはやお手上げ状態であることを率直に伝え、相談したかったのです。

母子家庭で帰宅時間も遅く、すでに21時は過ぎていたと思いますが、もちろん子どもは夜遊びでいません。勧められるままに、一緒に夕ご飯をご馳走になりながら、母親はぽつりぽつりと壮絶な十年ほど前のことを語ってくれました。

結婚してからの夫の暴力と貧困の中で苦労した話、離婚後のさらなる貧困と生活のための仕事の苦労など、30数歳の普通の生活しか経験のない私には、想像のできない人生でした。もちろん、話としては知らなかったわけではありませんが、その渦中にある親から別世界のような話を聞いた衝撃は、今でも忘れられません。生きていくのが精一杯という中で、子どもを育ててきたこと、いつも学校で迷惑をかけていることを心配しながら仕事をしていること、頼れる親きょうだいもいないことなどがわかり、この母親にとってあの子はかけがえのない存在であることを知りました。

話の途中で子どもが帰ってきましたが、それでも母親は構わずに話していましたから、家庭内のことを担任も知ることになったことをその子はわかったはずです。のちに、そのことがいい方向に向かうことになるのです。

親の苦労や願いを知る

生徒指導の考え方の中には、家庭内の問題は子どもの問題とは違うのだから介入すべきではないとか、過去の原因をいくら蒸し返してもどうしようもないのだから、過去にはこだわらないほうがいい、などというのがあります。なるほど、親の問題や過去の問題は教師がいくら関わってもどうにもなりません。

しかし、もしこの考え方によって親の苦労や願いを知る機会を失うならば、間違っています。

実際、私はあの家庭訪問以来、あの荒れた子との接し方にも変化が起きざるを得なくなったのです。問題を起こすのは相変わらずでしたが、まず問題を起こしていない時にかける声の内容が変わりました。その子を見ると苦労している母親の姿が見えるのですから、ついつい「お母さん元気か、疲れていないか、手伝いしてやるんだぞ」などと言ってしまうことがあります。

そうなると会話も弾みます。「風呂だけは洗ってやったよ」「そうか、お母さん助かっただろうな。これからもやってやるんだよ」などと。

担任は家庭内のことをもう知っているのですから、子どもにとっては不思議な会話ではありません。会話の幅はがぜん増えます。注意、叱責、怒る場面だけでなく、普通の会話が増えるのですから、だんだんと私もこの子が愛おしい存在となってきました。

この荒れた生徒だけと格闘していたのでは、この生徒を愛おしく思うことはなかったでしょう。荒れた生徒の後ろにいる親の願いや苦労を知ることは、その生徒へのまなざしも、対応の仕方も変えてくれることがあるのです。

それからの私は、問題を抱えた生徒がいれば、できるだけ早い段階のうちに親との会話を増やすように努めました。その結果、よほどの例外を除き、どんな親もわが子の成長を望まない親はいないと確信できるようになりました。

余談ですが、ある暴力団の組員と言われていた親の子の担任になりました。噂に違わず様々な問題を起こしていましたが、何度かの家庭訪問で母親は「私の息子は私たちのようにはなって欲しくないと思っている」と聞かされ、驚くと同時にとても嬉しかったです。卒業後、その子は普通の職業に就き、父親とはまったく違うまっとうな生活を送っています。

親は心を開いて願いを伝える

今の社会は、子どもを育てている家庭への配慮があまりにありません。子どもを健全に育てるには、親にもゆとりがあって、子どもが自分をさらけ出し、思いや悩みを吐き出せる関係が親子にはないといけません。特に、母子家庭の母親の労働実態は、そんなゆとりのかけらもありません。これは母親やましてや子どもの責任ではありません。

このことには確かに教師にも責任はないし、介入したところで解決はできないでしょう。でもそんな現実の中で、もがき苦しんでいる親子に共感し少しでも支えることは、教師の義務ではないでしょうか。

どうか、教師は親の苦しみや悩みを聞きましょう。きっと、その子へのまなざしも変わり、やがて親も心を開くようになります。

親も自らが心を開いて、親としての苦しみを語りながら、子どもへの願いや悩みを教師に語ってください。すべての教師が応えてくれるわけではありませんが、少なからぬ教師は必ずその願いを支える努力を惜しみません。

このように親と教師が共同するには、まず教師から親の苦労や願いを知ることです。そうすると子どもの後ろにいる親の顔が思い浮かぶようになるでしょう。

③教師は〝伝え方〟を工夫する

伝える目的を考える

教師が親と共同するためには、親とのコミュニケーションが欠かせられません。お互いに意思疎通は何もなかったのに、信頼関係があってうまくいったなどという例は、聞いたことがありません。

ましてや、何らかの問題を抱えている子の場合は、その子の親と共同しない限り問題を好転させることは不可能です。

ところが、コミュニケーションの取り方によっては、親と教師は信頼関係がより悪化してしまい、そのまま教師と子どもとの人間関係までが悪化してしまいます。

このコミュニケーションの最初のつまずきが「伝え方」であることが多いのです。現職の時に、若い教師や生徒指導の苦手な教師が、そもそもこの最初の時点で失敗してしまい、その後は卒業まで親子と関係が修復できなかった例を見てきました。素晴らしい教師でも、経験がないと最初につまずいてしまいます。

ですから〝伝え方〟というのを、つまらない小手先の技術でしかなく、本質的なことではないと軽視してはいけないのです。

何を伝えたいのか

まず、何を伝えたいのかという〝何を〟というのをはっきりさせなければいけません。ただ、事実だけを伝えておけばいいのか、事実を伝えるだけで親は充分わかることなのか、ということです。

この程度のことが判断できなければ、やはり教師は務まりません。

ある学校で学年主任をしていた時、母親から苦情がきました。わが子にはいろいろな問題があり、担任には「どんなことも連絡ください」と頼んではあったのですが、その連絡の数の多さと、仕事中でも電話がかかってきて迷惑している、という内容でした。

この担任の先生は母親の希望どおりに実行した、むしろまじめな先生だったのですが、ただ起こした事実だけを伝えて、暗に指導をお願いしていたのですから、親はじきに嫌になってしまったのも無理はありません。

「どんなことも連絡ください」という真意には、当然「では親はどうすればいいのか、子どもにはどんな話をしておくといいのか」などがあるのですから、問題の背景や意味をきちんと伝えなければ、親はどうしたらいいか困惑します。

子どもの褒められるような立派な言動を伝えたいなら、事実を淡々と伝えるだけでも親は嬉しくなるし、帰宅後のわが子にどんな声をかければいいのかはわかります。しかし、問題を起こしたならばそうはいきません。

その場合は、起こした問題の意味や背景を伝えたいのですから、むしろ伝えるのではなく、理解してもらうことのほうが中心です。問題行動を伝えっぱなしで終わってしまう連絡ほど、親にとって困ってしまうものはありません。

そうなると電話ではとても無理な話ではありませんか。

目的に合った方法をとる

理解してもらうなどという複雑な会話は、電話ではできません。お互いに一方的に話すようなものですから、難しい会話はできません。さらに、お互いに相手の表情が読み取れませんから、本当の気持ちを知ることもできません。コミュニケーションの手段としては最低の手段なのです。

もっとも子どもたちの世界では、生の声ではない、さらに最悪な手段として、数十字の文字でやりとりをするＬＩＮＥやツイッターが意思疎通の手段なのですから、様々なトラブルの原因になってしまうのもうなずけます。

このように親との連絡には、よほど簡単な問題でなければ電話は避けるべきです。しかし、親との信頼関係が築かれ、とりあえずは事実だけを連絡しておいてもわかってもらえる、という信頼関係がお互いにあるならば、電話はときに効率的な手段となるでしょう。

家庭訪問を基本とする

やはりもっともいいのは家庭訪問です。直接相手の表情を見ながら話すのが一番です。しかし、この場合も親の意向を尊重しなければいけません。家庭によってはなかなか中には入れてもらえません。最初は玄関先でしか話すことができないこともあります。それでもいいから回数をこなしていると、今度は茶の間で落ち着いて話すことができるようになります。

多分、若い教師には家庭訪問というのはとても気の重いものです。当然です。こんな経験は誰もしたことはありません。もし、民間会社の社員になって、初めて個人宅にセールスに行くことと比べてみてください。多分、民間会社なら通常はみっちりと研修を受け、実演もしてベテランと一緒に回るでしょう。

残念ながら、教師の世界ではこのような研修はありません。是非、ベテラン教師が一緒に行き手本を示してあげるべきです。

また、訪問する教師側の事情というのもあります。たいがいの親は共働きですから、家庭訪問は夜遅くという場合がほとんどです。荒れている学校だと家庭訪問を連日実施しなければいけなくなることもあり、とても小さい子を抱えている女性教師には難しくなります。

ここはその学校の工夫と知恵の発揮のしどころです。普段からチームとして動いていれば、何も女性教師の担任が毎回いなくても大丈夫です。重要な問題には初めから担任だけでなく、生徒指導の係や学年主任が関わっていれば、担任がいなくても困りません。普段からチームとして取り組む体制をとっていれば、難しいことではありません。

親の立場にまず合わせる

電話にせよ、家庭訪問にせよ、その時間は基本的には相手の希望に合わせなくてはいけません。教師にとっては勤務時間内で終わらせたいという気持ちはありますが、共働きや母子家庭の多い今日では、教師の勤務時間は親にとっても勤務時間なのですから、ここは親の立場に合わせるしかないのです。いくらわが子のこととはいえ、働く基盤を失うかもしれない不安を抱えながら、何度も何度も休むことはできません。

このように考えてくると、教師という職業は今日では本当に大変な職業だと思います。さらに、年間で通常は６００時間前後の授業をこなし、そのための教材研究や教材づくりがあり、多くの実務仕事をやり、校務分掌の２つくらいも担当し、多くの行事で係も分担し、その上、中学校教師は土日も部活動を担当しているのですから、信じがたい仕事量です。

それでも親の立場に合わせ、親と共同する信頼関係を築いて欲しいと思います。たいがいの親ならば、そうすることによって共同できるようになります。

④お互いに〝情報〟を発信（公開）する

情報を発信せずに協力だけを求めても無理

親と教師が共同するには、どうしても欠かせられないのが、お互いに情報を発信することです。情報という言葉は少し堅いので、「子どもたちの様子」と思えば十分です。

ついつい学校は普段は何も発信せずに、困ったことが起きると協力を呼びかけるということがありますが、これでは協力はもらえません。また、良いことは発信するが、都合の悪いことや学校の良くない部分は隠して発信しないという学校もあります。これも親からすると理解できません。「そんなことが起きていたのなら、どうしてもっと早く言ってくれなかったのだろう」と不信感を抱きます。

そうなるのはわかる気もします。「こんなことを親に発信してしまったら、学校の評判が悪くなる」「一時的なことだから、わざわざ言う必要はないだろう」と安易に考え、発信をためらってしまうのです。一時的なことなのか、さらに事態が悪化するのか、などの判断はなかなか難しいものです。

どんな情報を発信するか

情報とは子どもたちの様子ですが、取り留めのない話をだらだらと発信してもいけません。親の関心に合わせた子どもたちの様子を伝えます。親は、4月ならばきちんと授業が行われているか、5月の連休明けならばいじめなどは起きていないだろうか、などと不安を抱えているのですから、その関心事を中心にします。

良いことも悪いことも、どちらも発信します。そして、もし悪いことを発信した場合には、必ず学校としての取り組みを同時に伝えることが重要です。例えば、「授業中の私語が多く困っています」と報告したら、その原因と対策を学校として明らかにします。それがなければ、親は学校に不信感をもつでしょう。

学校の中で起きていることは、基本的には学校が解決すべきことだからです。しかし、その原因によっては学校だけでは解決できないのが、今日の教育問題ですから、学校の考えを明確に示し協力を呼びかけるならば、親は協力も惜しみません。

そして、次の機会にはその取り組みの結果、事態は好転したのか、もっと悪化しているのかなどの報告をすることです。事態が好転しても悪化したとしても、親は教師を信頼するだろうし、好転したならばいっそう協力したかいがあったと思うでしょう。

親と共同するというのは、こういうことの繰り返しなのです。それを積み上げることでしか、協力はもらえません。別の言い方をすれば、親に学校や教師の味方になってもらうということです。味方になってもらうには、前項の「教師は〝伝え方〟を工夫する」なども含めて、それなりの神経を使って努力しなければ味方にはなってもらえません。

発信の場はたくさんある

それにしても、そんなに発信の場があるだろうかと思う人もいるでしょう。一昔前なら、学期に1、2回は授業参観と懇談会がありましたが、今や授業時数の確保や、懇談会を開いても親の参加率が悪いことなどが理由で、年に数回しかないのが普通になってしまいました。それだけに発信の場を確保する工夫が必要です。

私はある学校に勤めていたときには、3日間の文化祭の最中に、一番親が集まる企画の時をねらって、同じ内容で2回の「生徒指導報告」をやらせてもらいました。時間はわずか15分ですが、さすがに決める時には職員の一部からは、「こんな時にはふさわしくない」と反対意見もありましたが、それは内容しだいです。

例えば、荒れの兆候が表れていて親が心配している時に、学校全体が良くなってきたことを報告するならば、親としては何も嫌な話ではありません。仮に、まだまだ心配な状態が続いていたとしても、わずかな前進を報告することにより親は納得します。

あるいは臨時の保護者会をやったこともあります。集まりが悪くて意味がないという人もいたので、たかだか1時間程度の集会ですから、3日間連続で設定したところ、かなりの親が参加しました。学校のこのしつこさには親も生徒も半ばあきれてしまったようですが、惜しみなく協力してくれるきっかけにもなりました。

何よりも驚いたのは、いわゆるワルたちです。「3回もやるのかよ」と驚き、少なくともしばらくの間はおとなしかったのです。

大きな行事では親向けの「事前説明会」をやりますが、これもすべて発信の場にすることができます。例えば、「修学旅行の事前説明会」などで、修学旅行についてだけ説明して終わるほうが不自然なのです。親は誰もが「ところで、肝心の学校生活はちゃんとできているのかな」と思うでしょう。

まだまだあります。親の仕事が終了した夜、7時か8時に設定したこともあります。たった1時間であればかなりが参加します。

学校として出す「生徒指導通信」や「学年通信」「学級通信」でも発信することができます。

親も情報を学校に発信する

親も子どもの様子を発信しなければいけません。特に親が子どもの良くなったことを発信すると、学校はとても励みになります。

こんなことがと思うことでも、教師にはうれしいものです。家庭で担任の先生のこんな話が話題になりましたという、たったそれだけでうれしいものなのです。それは担任としては「注目してくれた」ということですから、少なくとも嫌な気分になるはずがないのです。

その上で、教師の困ったことを指摘しても、きっと受け入れてもらえるでしょう。特に若い先生が担任になったら、是非、「担任のこんなことが話題になった」と伝えることです。そうすると担任は、子どものことの理解に役立つのです。目立つ活発な子を理解することは比較的容易ですが、おとなしく目立たない子の理解は難しいからです。

そうすることによってしか、若い教師は親と共同していくことを学ぶことはできません。このようなことは、体験しながら失敗しながら学ぶもので、本や机上の学習では学ぶことはできないからです。

お互いに信頼関係を築く最初のものは、「家庭訪問」で親と話すという伝統的な行事でしたが、ほとんど廃止されつつあるのはとても残念なことです。

☆　☆

最後に、親と教師が共同しなくても勝手に健全に成長できる子は、実はそんなにたくさんいないのです。ほとんどの子どもは、親と教師の間に信頼関係があるから、安心して学校生活を送ることができるのです。ましてや、子どもが何らかの問題を抱えていた時には、親と教師が共同して「壁」になり、共同して「支える」ことが必要です。
親と教師の共同を軽視すると、子どもの健全な成長は危うくなります。

おわりに

私のいまの仕事は「生徒指導コンサルタント」です。60歳の定年退職までは公立小中学校に勤め、大半を中学校で生徒指導を担当していました。現職のころは夏休みのみ、依頼があれば全国各地の学校に赴き、生徒指導の話をしてきました。

定年退職と同時に各地の学校を訪問する機会が増え、この仕事が中心になってしまいました。そのため私が書いてきた本はすべて教師向けで、しかも荒れた学校をどうするか、荒れた生徒をどう指導するのかという本ばかりです。

担任は57歳までやりながら、学年主任や生徒指導部を兼務していましたので、学年の保護者に向かって話す機会も多く、また言うまでもなく、生徒の成長のためには保護者と共同しなければ実現できません。

したがって、教師向けに書いた本ばかりでしたが、親と共同するための思春期のこと、思春期の子どもたちにはこう指導すべきだ、思春期の子どもはどうやって成長するか、などという話が多いのです。いずれも荒れた学校や生徒という文脈の中で書いているため、ほとんどがばらばらに書かれています。

そこに目をつけて、「親にはどんな話をするか」「思春期の子はどうやって成長するか」に焦点をあてた本を書いてみないかと勧めていただいたのが、「民衆社」の沢田健太郎社長でした。40年近い前の若いころ、思春期の生徒たちと悪戦苦闘していた時、むさぼるように読んだ本が「民衆社」の本でした。その思い出の多い出版社から一冊の本を出していただくことに、何か不思議な縁を感じます。

私にとってはこれまでの本とは異質で、親も対象とした本ですから、30年近く記録してきた私の「生徒指導日記」を克明に読み返し、子どもたちとの「格闘」の日々を再検証しました。読み返しながら、「あの子のお母さんは今はどうしているだろうか。きっと一人前になったあの子と幸せに暮らしているだろうな」などと思い浮かべました。

本書は何百人という親御さんと共同してきた私の教育実践の産物でもあります。教師生活の半分は、私より年上の親を相手にしてきたことになりますが、親から学んできたものはとてもたくさんありました。

結果として、教師が読んでも親が読んでもかまわない本になったようです。

どうか、今日の生徒指導が思春期の問題と深く関わっていること、人間の子どもにしか存在しない思春期という時期の不思議さと素晴らしさ、同時に困難さを読み取り、子育てや教育に活かしていただければとてもうれしいです。

〈著者紹介〉吉田　順（よしだ・じゅん）

１９５０年生まれ。37年間横浜市内の公立小中学校に勤務。担任32年、生徒指導部長16年、学年主任13年などを兼任。平成23年定年退職。平成元年より「生徒指導」ネットワークを主宰。現在、「生徒指導コンサルタント」として全国の「荒れる学校」と関わる。「非行・問題行動」「荒れる学校」「学年・学級経営」などをテーマに、全国各地で講演、個別の中学校の生徒指導方針づくり、教職員の教育相談、著述などの活動をしている。

〈主な著書〉

「その手抜きが荒れをまねく～落ち着いているときにしておく生徒指導～」著（学事出版）

「荒れには必ずルールがある～間違った生徒指導が荒れる学校をつくる」著（学事出版）

「新版生徒指導24の鉄則」著（学事出版）

「いじめ指導24の鉄則～うまくいかない指導には「わけ」がある～」著（学事出版）

「誰でも成功する中学生の叱り方のキーポイント」著（学陽書房）
「誰でも成功する学級担任のための中学生の指導」著（学陽書房）
など（現在、入手可能なもの）。

☆　☆

〈「生徒指導」ネットワーク連絡先〉
住所　〒236-0022　横浜市金沢区町屋町32-41（吉田）
Tel&Fax　045-701-2567
E-mail　24network@iron.biglobe.ne.jp
※子育て・学級経営・生徒指導に関する質問・悩みなどをお寄せください。
ご質問などには必ず回答いたします。

子育て・生徒指導・学級経営に欠かせない
子どもが成長するということの真相

2017年 1月25日 初版第1刷発行

著　者　吉田　順
発行者　沢田健太郎
発行所　株式会社民衆社
〒113-0033
東京都文京区本郷4-5-9 ダイアパレス真砂901
TEL 03-3815-8141　FAX 03-3815-8144
http://www.minshusha.jp

印刷・製本　株式会社平河工業社

ISBN978-4-8383-1053-1